KB065889

결 단

롭 무어

START NOW GET PERFECT LATER

 자수성가 백만장자들의
압도적 성공 비밀

결단

롭 무어 지음
이진원 옮김

ROB MOORE

다산북스

차례

1장

자수성가 백만장자 500명의 공통점, 결단력

힘들고 중요한 결정을
빠르게 내리는 능력

ROB MOORE

서문

더 빠르고, 훌륭하고,
원대하게 결단하라

당신은 현재 어떤 시기, 나이, 혹은 경험과 지혜를 갖추고 있건 당신을 으쓱하게 만들어줄 좋은 결정과 초라하게 만들 나쁜 결정을 모두 내릴 수 있다. 나는 언제나 더 쉽게 결정을 내리는 사람이 되고 싶었지만 그러려면 내가 더 나아져야 한다는 걸 배웠다.

당신이 사업이나 투자를 준비하는 사람이건, 공부를 하며 긴 미래를 준비하는 사람이건, 혹은 우연히 이 책을 산 사람이건 나는 누구에게나 유익할 결단에 대한 책을 쓰고 싶었다.

개인적 · 직업적 · 사회적 · 경제적 차원에서 꾸물거림과 압박감을 추방할 수 있도록 더 똑똑하고 빠르게 결정을 내리는 방법을 익혀두면 당신의 삶에 몹시 유익할 것이라고 확신한다. 나는 이 책이 더 나은 건강과 부와 행복과 결단력을 갖는 데 도움이 되기를 기대한다.

특히 결단력이라는 주제와 관련해서 부연 설명을 하고 싶다. 언론인이며 미국 대통령 홍보 비서관이었던 나폴레온 힐Napoleon Hill은 앤드루 카네기Andrew Carnegie, 헨리 포드Henry Ford, 찰스 슈와

브Charles M. Schwab를 포함해서 500명이 넘는 백만장자를 연구한 끝에 그들에게 '결단력'이라는 공통점이 있었다는 사실을 알아냈다. 힐은 1937년에 쓴 고전『생각하라! 그러면 부자가 되리라Think and Grow Rich』에서 "백만 달러를 한참 넘는 재산을 축적한 수백 명의 부자를 분석해보니 그들 모두가 신속히 결정을 내리는 습관이 있다는 사실을 알아냈다"라고 말했다.

"그들은 빠르고 자신감 있게 결정을 내리고 필요할 때는 '천천히' 결정을 바꾼다. 신속하고 확실하게 결정을 내리는 사람들은 자신이 원하는 게 뭔지 알고 있고, 일반적으로 그것을 얻는다. (…) 세상은 말과 행동을 통해 자신의 행선지를 알고 있다는 걸 보여주는 사람을 위한 공간을 만들어준다. 돈을 모으지 못하는 사람들은 예외 없이 결정을 내려도 아주 천천히 내리고, 그렇게 내린 결정을 빨리, 그리고 자주 바꾸는 습관을 가지고 있다."

당신이 백만장자(물가 상승률을 감안해봤을 때, 힐이 말한 백만장자는 현재 화폐 가치로 930억 원 정도의 자산을 가진 억만장자에 가까운 사람이다)가 되길 원하는지 원하지 않는지는 상관없다. 더 빠르고, 훌륭하고, 원대하고, 힘든 결정에 능해지는 것은 어떤 식으로든 당신의 삶에 도움이 될 것이다.

나는 수많은 책을 읽고 기업가들을 만나며 **빠른 결단**을 이끄는 법칙을 찾아냈다. 그들이 공통적으로 가지고 있던 놀라운 결단의 법칙을 이번 책에서 모두 밝히려 한다.

아, 내가 이렇게 하면 돈도 더 많이 벌 수 있다고 말했는가? 그러니 지금 당장 시작하라.

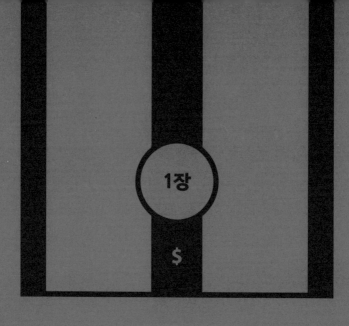

1장

$

자수성가 백만장자
500명의 공통점, 결단력

지금 시작하고 나중에 완벽해져라Start now, get perfect later. 그게 이

책의 결론이다. 이 말만 듣고 모든 게 가능해진다면 이 책은 필요 없을

것이다. 당신이 해야 할 일을 대부분 알고 있으니 그냥 그걸 하면 될 게

아닌가? 이 책의 집필 목적은 당신이 당연히 해야 할 일, 또 해야 할 필

요가 있다는 걸 알고 있는 일을 하도록 돕는 것이다.

나는 수년 동안 이 책의 집필과 관련한 고민을 해왔다. 나는 내가 결

단력이 있는 사람이라고 생각했지만, 지금은 확신이 안 선다. 나는 이

책의 집필을 미루기 위해 17가지 다른 일을 했는데, 그 순간의 기분은

더 좋아졌지만 결국에 마감일이 다가오면서 좌절감을 느낄 뿐이었다.

결국 나는 내 안의 거짓말을 모두 치워냈다. 당신이 지금 이 책을 읽

고 있다면 그 방법이 효과가 있었다는 뜻이다. 책을 쓴다는 건 힘든 일

이라서 책 쓰기를 끝낼 중대한 이유가 없었다면 나는 집필을 단념했을

지도 모른다. 대부분의 사람들이 인생에 한 번쯤 책을 쓰고 싶어하지

만, 그 얘깃거리가 여전히 그들 안에만 있는 게 문제다.

이 책을 읽는 당신은 꾸물거림을 추방하고, 더 똑똑하고 빠르고 큰

결정을 내리는 방법을 배우고, 내가 이 책을 쓰면서 겪은 개인적 고생

을 엿보면서 즐거움으로 가득한 여행을 하게 될 것이다. 내가 이미 책을 써본 경험이 있으니 쉽게 책을 썼으리라 짐작할 수도 있겠지만, '내 안의 망할 놈(inner-bastard, 이 책의 후반에 내 안의 망할 놈이 등장한다. 당신 안의 망할 놈을 만날지도 모른다)'과 싸우는 여행은 늘 똑같다. 나는 이제야 이 '망할 놈'을 가끔 다시 가둬놓는 방법을 알게 된 것 같다.

이 책을 집필하기로 결심한 이유는 과거와 현재 여러 기업을 경영해오는 동안 숨어 있다가 슬금슬금 나오는 우유부단과 압박감 때문에 늘 고생했기 때문이다. 당신이 창의적이건 상업적이건, 빈털터리건 억만장자건, 혹은 장인이건 실패자건 항상 이런 악마들을 상대해야 한다.

나는 내가 더 익숙해지면 결정이 더 쉬워질 거라고 생각하곤 했지만 내 생각은 틀렸다. 부동산을 하나 관리하건 700개 이상 관리하건, 책을 한 권도 안 써봤건 10권을 써봤건, 세계기록이 전혀 없건 3개가 있건, 빚더미에 올랐건 수백만 달러를 벌건, 나는 점점 더 크고 중요한 결정을 내려야 했다.

당신은 사실 게으른 사람이 아니다

START NOW
G E T
PERFECT
L A T E R

"난 게으르다." 이런 혼잣말을 해본 적이 있을 것이다. 혹시 게으름을 일종의 '명예 훈장'처럼 생각하는 건 아닌가? 현미경으로 DNA를 확인해 '꾸물대는 사람' 유전자를 본 적이 있는 사람처럼.

자신에게 붙이는 꼬리표를 조심해야 한다. 스스로에 대해 갖게 된 생각은 자업자득의 결과다. 당신이 자신에게 붙인 꼬리표는 당신이 자초했다.

'나는 항상 꾸물거린다'거나 '나는 결정 장애가 있다'고 생각하는가?

자신을 '꾸물거리는 사람'으로 낙인찍을 필요는 없다. 그건 거짓이기 때문이다. 사실 우리는 경험이 있는 분야에서는 상당한 결단력을 발휘한다. 축구선수 리오넬 메시Lionel Messi는 팀 동료들에게 허락을 구하지 않고서도 슛을 쏠 타이밍을 정확히 안다. 자동차 경주 선수인 루이스 해밀턴Lewis Hamilton은 브레이크를 밟을 일정을 짜지 않지만 그때를 잘 안다. 남아프리카공화국 최초의 흑인 대통령이자 인권운동가였던 넬슨 만델라Nelson Mandela는 '해야 할 일' 목록에 적어놓지 않고서도 용서하는 법을 알고 있었다.

이들은 모두 자신의 지식과 직관대로 밀고 나갔다. 과거에도 여러 번 해봤기에 하는 법을 알게 된 것이다. 시간을 들여 '결정 근육decision muscle'을 기르고, 훈련을 통해 그것을 강화하고, 자극 검사를 통과했다. 당신도 기술, 집중, 경험의 영역에서 이렇게 할 수 있다. 점점 발전하는 사람이 될수록, 과거 성공 경험을 더 많이 가지고 있을수록 의사결정은 더 본능적이고 정확해진다. 새로운 뭔가를 시작하기 전까지.

메시가 발레 시간에 축구 경기 때처럼 결단력을 발휘할 수 있을까? 만델라는 총의 방아쇠를 당기길 주저하지 않을까? 당신도 어떤 영역에서 결정 장애로 씨름하고 있을지 모른다. 그렇다고 당신이 '우유부단한 사람'은 아니다. 당신의 아이가 과학을 싫어한다는 이유로 선생님이 아이를 '멍청한 아이'라고 단정짓기를 원하지 않을 것이다. 마찬가지로 자신에게도 그래서는 안 된다.

인간은 누구나 본연의 특성을 가졌고, 그것을 표현한다. 당신은 동기부여를 받지 못하는 사람도, 게으른 사람도 아니다. 관심이나 흥미가 없거나 일이 힘들거나 업무가 충분히 중요하지 않을 때만 그런 특성을 '보여줄' 뿐이다. 좋아하는 일을 할 때, 하는 일을 좋아할 때 당신은 정반대의 특성을 보여준다.

컨디션이 좋지 않아서 일이 뜻대로 풀리지 않을 때는 우유부단함이 악화된다. 그러나 컨디션은 일시적인 것이고, 수준은 영원하다. 인생의 한 영역에서 결단력을 발휘할 수 있다면 인생의 모든 영역에서 발휘할 수 있다. 두려움과 실패는 결단력을 위축시키고, 발전과 성공은 결단력을 향상시킨다.

"

당신 스스로를 '게으른 사람'으로 낙인찍지 마라. 당신의 가장 이상적인 부분을 행동 모델로 삼아라. 한 영역에서 결단력을 발휘하면 어떤 영역에서나 그렇게 할 수 있다. 과거에 결단력을 발휘해 성공한 일들을 계속 떠올리며 '결정 근육'을 키워라.

꾸물거림은 자기보호 기제다

START NOW
G E T
PERFECT
L A T E R

"나는 꾸물대는 습관을 완전히 없애버리려고 한다. 그러니 일단 기다려보라."

중요한 일을 피하기 위해 정말로 밑도 끝도 없이 쓸데없는 일을 하고 싶은 충동을 느껴본 적이 있는가?

이 책의 마지막 장을 쓰고 있을 때 나는 회의실에 있는 상자들을 갈기갈기 찢어서 쓰레기통에 쑤셔 넣고 싶은, 정말로 엄청난 충동을 느꼈다. 그 순간에는 상자 찢기가 내 인생의 소명처럼 느껴졌다. 머리에 번개가 번뜩이는 느낌이었다. 그렇다! 나는 상자를 찢어버려야 했다. 평생 한 번도 한 적 없는 일이었다. 그때는 지금 당장, 인류의 구원을 위해 꼭 상자를 전부 찢어야 할 것만 같았다! 지난 38년 동안 그런 충동을 단 한 번도 느껴본 적이 없다가 책을 쓰고 있을 때 갑자기 그런 감정을 느끼다니 정말로 웃겼다.

또 나는 자료 조사를 위해 꾸물거림에 대한 책을 읽어보라고 스스로에게 제안하면서 이 가장 중요한 집필 작업의 속도가 늦춰지는 것을 정당화시켰다.

우리 모두 자기 방식대로 꾸물댄다. 습관적으로 꾸물대기도 하고, 어쩌다 한 번씩 꾸물대기도 한다. 갑자기 오랫동안 미용실에 가지 않은 것이 생각난다. 쇼핑하러 간 지 너무 오래되어 당장 쇼핑을 하러 가야 할 것 같다. 냉장고 청소한 지는 얼마나 됐지?

> **"아무 일도 하지 않기는 보기보다 쉽지 않다. 어떤 일을 하려다가 아무 일도 하지 못하는 것은 결국 강제로 모든 일을 포기하게 만들 수 있으므로 조심해야 한다."**
>
> 제리 사인펠드*Jerry Seinfeld*,
> 미국 골든글로브 코미디부문 최우수 배우상 수상자

이보다 상황이 더 심각해질 수도 있다. 적어도 이 순간에 당신은 꾸물거림에서 벗어나기 위해 어떤 일을 하고 있다. 그런데 시작하기도 '전에' 모든 준비가 끝나야 한다는 충동이 뒤에서 슬금슬금 올라와 이렇게 부추긴다.

"그래. 봄맞이 대청소를 해야겠어. 사무실을 다시 정리하고, 서

류도 전부 깔끔하게 바인딩해야지. 당장 잠자리를 정돈하고 시트를 싹 세탁해서 바꿀 거야. 그리고 쓰레기 분리수거 시간이 끝나기 전에 저 상자들을 전부 접어서 정리해야겠어."

모든 준비를 하려다가 '뜸 들이게pre-crastination' 되는 문제에 대해선 뒤에서 더 자세히 다루겠다. 마치 당신의 인생이 걸린 듯 갑자기 재미없는 일들을 하게 되는 기이한 이유도 함께 설명하겠다.

우유부단과 꾸물거림은 숨겨진 형태로 많이 드러난다. 혹시 평범한 결정을 내리는 데도 애를 먹지는 않는가? 그보다 더 힘든 결정이라면? 결정을 내리고도 끊임없이 의문을 품으면서 당신이나 당신이 내린 결정을 100퍼센트 신뢰하지 못한 적은 없는가? 계속해서 생각을 이리저리 바꾸진 않는가? 주저하거나, 자신감이 부족하진 않은가? 저녁 외식 장소 결정처럼 아주 사소한 결정을 할 때도 생각이 너무 많아 머리에 쥐가 나진 않는가?

우리는 자존감과 독립심에 위협을 느낄 때 그 상황을 피하기 위해서 꾸물댄다. 우리는 어떤 일 때문에 더 유용한 (생존을 위한) 에너지가 소비될 때 꾸물댄다. 꾸물거림은 질병, 질환, 정체성, 위기라기보다는 다소 구식이지만 아주 유용한 목적을 가진 자기보호 기제다. 가끔씩 이것이 우리가 아무 일도 하지 못하게 막는 역할을 함으로써 우리는 실제로 아무 일도 하지 않는다.

이제 좋은 결정을 내리기 위한 깊은 이해와 맥락을 얻기 위해서 우리가 꾸물대는 이유로 넘어가자. 가끔 꾸물대는 것도 나쁘지 않다.

"

꾸물거림과 우유부단은 우리가 두려움, 고통, 위협적인 상황을 피할 수 있게 도와주는 역할을 하는 인간의 평범한 특성이다. 그것들은 더 중요한 일에 사용할 에너지를 지켜준다.

자신을 꾸물대는 사람으로 낙인찍지 말라. 당신에겐 아무 잘못도 없다. 당신이 하고 있는 모든 사소한 변명과 하찮은 일들이 자기보호를 위한 기제임을 인식하라.

왜 망설이는가,
왜 확신하지 못하는가?

START NOW
G E T
PERFECT
LATER

다음에 꾸물대고 싶은 충동을 느끼면 그냥 하던 일을 미뤄라.

몇 달, 몇 년, 심지어 몇십 년 만에 비로소 누군가와 헤어진 뒤에 '내가 왜 진작 헤어지지 않았지?'라고 후회한 적이 있는가?

나는 한 여성과 사귀고 있었다. 그를 '인텐스'라고 부르겠다. 나는 아주 빠른 시간에 '인텐스'에게 흠뻑 빠졌지만 곧 우리의 관계가 열정적이긴 해도 건강하지 않다는 사실을 깨달았다. 나에겐 '인텐스'를 믿지 못할 여러 가지 확실한 이유가 있었지만, 그럼에도 여전히 그에게 끌렸다. 내가 혼자가 된다거나 '인텐스'가 다른 남자와 사귄다는 생각을 참을 수가 없었다.

우리 둘 사이의 관계가 '끝났다'는 걸 마음속으로 인지하고 있으면서도 나는 여전히 '인텐스'의 곁에 머물렀다. 그가 나를 밀어 내며 우리 관계를 끝낼 기회를 줘도 내가 다시 쫓아다녔다. 관계 를 끝내겠다고 몇 번이나 다짐했지만 절대 그렇게 할 수 없었다. 나는 그의 부모님과도 정말 잘 지냈고, 부모님의 마음을 상하게 만들고 싶지 않았다. '인텐스'와 헤어지면 모든 게 엉망진창이 될 거라고 느꼈다.

'인텐스'가 어떤 매장에서 일하고 있었을 때 내 친구의 얼굴을 주먹으로 때리는 사건이 일어나면서 관계는 마침내 파국에 이르 렀다. 그 사건을 계기로 나는 그에게 우리 관계가 끝났다고 말했 다. 결별을 받아들이지 못한 '인텐스'는 계속 전화를 걸고, 집으로 찾아왔다. 나는 전화를 받지 않고, 마주치면 외면했다.

처음 며칠 동안은 힘들었지만 결국은 극복해냈다. 모든 상황이 너무 혼란스러웠지만, 내가 생각했던 것만큼 혼란이 오래가지는 않았다. 혼자가 되자 처음에는 외로웠지만 다시 자유를 느끼며 내 본래 모습을 되찾기 시작했다. 이별의 아픔에서 완전히 벗어나기 는 쉽지 않았지만, 나에게는 응원해주는 친구들이 있었다.

사람들은 진작부터 우리 관계가 건강하지 않다고 경고해줬다. 나도 그걸 알고 있었지만 당시에는 받아들일 수가 없었다. 당신이 나와 똑같은 경험을 한 적은 없을지 모르지만, 아이가 있어서 잘 못된 배우자와의 이혼 결정이 힘들었던 적이 있을 수 있다. 혹은 내 친구들이 곧 파트너의 친구들이어서 헤어지기 힘들었을 수도 있다. 새로운 사람을 만나기엔 너무 나이가 많다거나 이젠 파트너보다 좋은 사람을 사귀지 못할 거라고 생각할 수도 있다.

필요로 하는 순간마다 당신 곁에 있어주는 좋은 사람들에게 상처를 주고 싶지 않았을 수도 있다. 심적으로 안정이 됐거나 너무 편안하게 살고 있다는 느낌을 받고 있을 수 있다. 다른 사람들의 판단 대상이 되고 싶지 않기 때문일 수도 있다. 그들을 사랑했지만 이젠 관계가 시들해졌을 수도 있다. 관계가 깨지면 돈을 벌기 힘들어질까 봐 걱정했을 수도 있다.

죄책감과 두려움을 강하게 느끼더라도 당신은 올바른 결정과 행동을 알고 있다. 또 스스로가 그걸 알고 있다는 것도 안다. 나중에 과거를 되돌아봐도 마찬가지다. 당신은 스스로 생각하는 수준 이상으로 더 강하고, 똑똑하다. 고통은 시간이 흐르면 줄어든다. 그 결정으로 상황은 분명 더 나아진다.

힘든 결정은 결정을 내린 뒤 한참 시간이 지나 보상이 따르지만 결정을 미룬다면 많은 고통을 겪을 수 있다. 이 책 후반부에선 한 장을 할애해서 더 크고 힘든 결정을 내리는 방법을 집중적으로 다루려고 한다.

당신은 꾸물대는 사람이 아니지만 가끔 꾸물댈 때가 있다는 걸 명심하라. 종종 꾸물거림과 우유부단은 다르지 않다. 둘 뒤엔 그들을 유발하는 숨겨진 무엇이 있다. 보통은 다음 중 두 가지 이상의 기분 때문이다.

- ☐ 경험해보지 못한 미지의 것이 두려워서
- ☐ 잘못하거나 틀릴까 봐 두려워서
- ☐ 다른 기회를 놓칠까 봐 두려워서
- ☐ 모든 것을 완벽하게 처리하거나 처음부터 만반의 준비를 해놓고 싶어서
- ☐ 위험을 감수하는 것이 두려워서
- ☐ 멍청해 보이거나 남들의 판단 대상이 될까 봐 두려워서
- ☐ 거절을 당할까 봐 두려워서
- ☐ 안전지대에서 벗어나는 느낌이 두려워서
- ☐ 기대를 충족시키거나 기대에 못 미칠까 두려워서
- ☐ 열심히 일해서 얻은 걸 잃거나 망쳐버릴지 몰라 두려워서
- ☐ 분명한 인사이트나 혜택을 얻기 위해서
- ☐ 더 나은 뭔가가 생기길 바라며 기다리다가
- ☐ 사람들을 실망시키거나 불쾌하게 만들까 봐 두려워서
- ☐ 지나치게 많은 선택지나 압박감 때문에
- ☐ 다른 사람들에게는 맞아도 당신에게는 맞지 않을까 봐
- ☐ 너무나 많은 사람이 당신에게 (서로 모순된) 의견이나 충고

를 줘서

☐   중요한 일보다 쉬운 일을 하고 싶어서

☐   결정이나 일이 힘들거나 부담스럽거나 대처 불가능해 보여서

☐   본능을 믿어야 할지 확신이 없어서(과거에 그랬다가 잘못한 적이 있어서)

☐   머리로는 알더라도 여전히 실행에 못 옮겨서

☐   허락을 기다리느라

☐   나중에 자신을 비판하거나 의심할지 몰라서

☐   모든 결정이 똑같이 힘들어 보여서(마음이 갈라져서)

☐   지금 하는 일이 즐겁지 않고, 앞으로도 즐겁지 않을 것 같아서

☐   좌절감(분노나 반감으로 이어지는)을 느껴서

☐   지금 잘하고 있기 때문에 멈추거나 휴식을 취할 수 있어서

☐   이렇게 하면 어떻고, 저렇게 하면 어떨지 고민이 돼서

☐   지금도 그렇지만, 앞으로도 부족할까 봐 두려워서

☐   성공이 두려워서

아마도 당신은 한 가지 이상의 기분을 느껴봤을 것이다. 그럴 경우 죄책감, 좌절감, 걱정, 스트레스, 혹은 그보다 심한 감정을 느

낄 수 있다. 이제 당신이 그런 압박감을 느껴서 이 책의 나머지 부분을 읽기를 주저하기 전에 한마디 하자면, 위의 모든 감정들은 간단하게 다음의 세 가지로 구분할 수 있다.

1. 실패의 두려움에 대한 방어
2. 권위에 대한 간접적 저항
3. 성공과 그것이 가져다줄 기대감에 대한 두려움

꾸물거림은 시간을 두고 진화해왔다. 초창기 인류는 꾸물댔기 '때문에' 존재했다. 우리는 천천히 행동해서 죽음을 면했다. 지금부터 약 10만 년 전에 호모 에렉투스가 여러 대륙을 건너다니는 모험을 하느라 바빴고, 네안데르탈인이 거주하던 동굴 밖으로 나가는 모험을 하기엔 너무 냉정할 때, 호모 사피엔스는 지금 과학자들이 '복잡한 계획 수립complex planning'이라고 부르는 일에 매진하고 있었다.

복잡한 계획을 수립하기 위해서 우리는 미래를 마음속으로 상상하면서 계획하는 한편, 어떤 특정한 행동이 우리를 발전시킬지 판단해야 한다. 인류는 창을 들고 매머드에 일대일로 맞서기보다 천천히 시간을 두며 에너지를 절약했고, 최고의 계획을 세운 다음에 안전한 거리에서 창을 던졌다. 충동적 의사결정은 죽음을 의미

했다. 보다 여유 있는 접근법 덕분에 살 수 있었다.

이후로 꾸물거림에 대한 인간의 태도는 가치 체계의 발전과 함께 진화해왔다. 선사시대의 꾸물거림은 복잡한 계획 수립과 밀접한 상관관계를 맺고 있었기에 생존으로 이어졌다. 오늘날에는 더 중요하고, 더 복잡한 일보다 중요하지 않은 쉬운 일을 중시하고, 산만하고 당황하는 상태로 과제나 목표를 완수하는 건 실패로 간주한다. 당신은 진화와 빠르게 변하는 현대 사이에서 벌어지는 지속적인 갈등을 목격할 수 있다.

대부분의 경우, 우유부단과 꾸물거림은 당신의 자존감(과 생존)을 보존해주는 역할을 한다. 하지만 곧 깨닫게 되겠지만, 당신이 하는 일이 당신의 가치를 말해주지는 않는다. 당신은 선사시대의 생존 본능 대신 현대적 기술과 사고 과정으로 무장하게 될 것이다. 이 책 내내 이 문제를 깊이 탐구할 것이다.

❝

우유부단과 꾸물거림은 생존을 보장하고 자존감을 지켜주면서 고통과 두려움을 피할 수 있게 해주는, (지금은 낡았더라도) 숨겨진 심오한 명분과 목적을 가지고 있다.

당신이 하는 일이 당신의 가치를 말해주지는 않는다. 당신은 급변하는 세상을 포용하기 위해서 현대적 기술을 활용해야 한다.

도움 요청은
당신이 강하다는 신호다

START NOW
G E T
PERFECT
L A T E R

당신이 우유부단한 이유와 상관없이 당신만 우유부단한 건 아니다. 모든 인간이 인간적 특성을 가지고 있으며, 우리 모두 당신처럼 행동한다.

예술가였을 때, 나는 은둔자로 살았다. 집에서 일했고, 종종 밤을 새우기도 했다. 나는 몇 주 동안 사람들과 거의 접촉하지 않았다. 내 작품이 팔리기를 간절히 바라고 또 바라면서도, 누군가에게 사달라고 부탁할 용기는 없었다. 나는 그것이 내 약점이라고 생각했다.

예술가로 힘들게 살아가던 시절에서 벗어난 지금, 나는 도와달라는 요청이 용기와 힘을 보여주는 신호임을 깨달았다. 당신이 혼자가 아닌데도 혼자 고통받을 필요는 전혀 없다. 계속 모든 것을 혼자 해결하려고 하다가는 해결 방법을 찾는 대신 문제 속에 갇히게 된다.

당신이 자책했거나, 죄책감을 느꼈거나, 혹은 걱정했던 일을 우리도 모두 해봤다. 조지프 히스Joseph Heath와 조엘 앤더슨Joel Anderson의 공저『꾸물거림과 확장 의지 Procrastination and the Extended Will』에 따르면 꾸물댈 때 가장 흔하게 하는 행동은 다음과 같다.

- ☐ SNS 확인
- ☐ '일'을 잊어버릴 수 있으리라 기대하고 화면을 응시하기
- ☐ 청소, 주변 정리
- ☐ 공황 상태에 빠지거나 낮잠 자기
- ☐ 계획을 짜기(혹은 짜지 않기)
- ☐ 덜 중요한 일을 먼저 하기
- ☐ TV를 보거나 게임하기

나는 책을 쓰면서 이미 이 중 다섯 가지를 해봤다. 그리고 우리는 이제 겨우 이 책의 도입부에 와 있을 뿐이다.

우리 모두 꾸물대지만 꾸물거림이 우리를 정의하지는 못한다는 걸 명심하라. 꾸물거림이 숨겨진 목적에 이바지하지만 그것이

당신의 존재 목적은 아니다. 표면적인 우유부단함 역시, 우리 모두가 하는 외적인 행동으로 간주할 수 있다.

우유부단 때문에 자신에게 가하는 모든 자기혐오와 내적 자책을 중단하고 우유부단의 진정한 이유를 알 수 있다면 우리는 그런 패턴을 깨고, 신속히 당장 그것에서 벗어날 수 있다.

우유부단을 뒤에 내버려두고 무시하는 사람들이 있다. 그들에게 우유부단은 무가치하다. 반면에 우유부단한 행동 하나하나를 겉옷 한 벌씩을 새로 걸치듯 정의하는 사람들이 있다. 그들은 스트레스가 신체로 발현되어 몸이 너무 무거워져서 병이나 장애로 나타날 때까지 꾸물거린다.

혼자 남는 걸 피하거나, 개인적 책임을 피하거나, 비판이나 반감에 쉽게 상처를 받거나, 버려질까 봐 너무 두렵거나, 아주 수동적이 되어 관계를 포기하거나, 타인들로부터 도움을 받지 않으면 결정을 내리기 힘들거나, 갈등과 다툼을 무조건 피하고 사교적으로 지내려고 애쓴다면 당신은 전문가의 조언이 필요한 상태일지 모른다.

나는 의사가 아니지만 당신은 혼자가 아니라는 사실은 분명하다. 당신을 도와줄 수 있고, 도와주기를 바라는 사람들이 존재한다. 당신은 그저 도움을 구하기만 하면 된다.

"

우리 모두 꾸물댄다. 당신만 그런 건 아니다. 당신이 혼자 그것을 극복하려고 고군분투하고 있다면 도움을 구하라. 당신이 겪는 일을 우리 모두가 겪고 있다. 또한 당신이 겪는 가장 중요한 문제를 해결한 사람들이 존재한다.

도움 요청은 당신이 약하지 않고 강하다는 신호이며, 종종 그것이 문제 해결의 가장 쉬운 길이다.

일을 미뤄서 얻는 숨은 이익

START NOW
G E T
PERFECT
L A T E R

우유부단의 장점을 얘기하는 게 이상하겠지만, 실제로 우유부단에는 작은 혜택이 존재한다. 우리가 보통 부정적으로 간주하는 어떤 행동이나 감정에도 숨은 장점이 있다. 꾸물거림의 목적을 알면 꾸물대는 이유를 이해하는 데 도움이 된다. 그런 이해는 당신이 더 이상 꾸물거리지 않고 '지금 시작할' 수 있게 도와준다.

앞에서 설명한 대로 꾸물거림은 인류를 멸종 위기에서 구했다. 꾸물거림은 '목숨을 위협하는 상황에 대한 대처'라는 최고의 가치에 사용할 수 있도록 에너지를 보존했다. 꾸물거림은 당신의 자존감에 가해질 공격을 막기 위한 시도다.

가끔 꾸물거림은 권위에 맞선 간접적 저항이며, 자유를 지키려는 행동이다. 꾸물거림은 삶과 자유에 대한 통제를 유지하기 위한 기제일 수 있다. 이 기제는 당신이 더 위대한 목적의 일부로 생존하고 번창할 수 있게 도와준다.

어떤 경우 우유부단은 성공에 대한 두려움으로부터 우리를 지켜준다. 고의적 성공 거부는 우리가 완벽한 사람으로 인식돼서 남들의 판단 대상이 되기 때문에 생기는 기대감의 무게로부터 우리를 지켜준다.

우리는 자존감을 지키고 고통을 경감받는 순간 보람을 느낀다. 이것은 심지어 중독성마저 있을 수 있다. 우리는 어떤 경우 누군가가 우리가 미룬 일을 대신해 줘서 우리를 구해줄 때, 사려고 했던 옷이 최종 세일에 들어가서 가격이 더 저렴해질 때, 갈등을 모면함으로써 순간적으로 기분이 좋아질 때 그런 보람을 느낀다. 우리는 이런 일들이 다시 생겨서 우리가 아무 짓도 안 해도 모든 게 잘 풀리기를 바라거나 기대한다.

이런 일들이 모두 당신의 가치와 존재감 문제와 관련되어 있고, 또 이어진다. 다만 문제는, 그들의 목적이 지금보다 선사시대에 훨씬 더 가치가 있었다는 점이다. 인류, 안전성, 기술이 빠르게 발전했지만 뇌의 일부는 빠른 발전 속도를 따라잡지 못했다.

우유부단의 목적을 깊이 이해하고 있으면 그것이 우리에게 언제 어떻게 도움을 주거나 방해가 되는지를 알 수 있다. 또 우리가 우유부단에 의미를 부여하는 데도 유용하다. 그래야 우리는 우유부단이 우리를 망치고, 자존감을 해치지 못하게 막을 수 있다. 그런 이해는 우리가 우유부단의 진정한 의미를 파악하고, 일을 더 복잡하게 만들지 않고 빠르게 계속 움직일 수 있도록 도와준다.

가치가 낮은 일을 꾸물대는 건 괜찮다. 경제적 관점, 잔존 가치 면에서 아무런 장점이 없는 행정 업무 등을 미루고, 가장 중요하거나 가치가 높은 일을 하는 게 무조건 똑똑한 행동이다. 동굴 청소보다는 사냥에 필요한 에너지를 비축해두는 게 더 나은 것과 같은 이치다. 가치가 낮은 일에 별도의 에너지를 쏟는 걸 미루면 당신의 자존감과 순자산은 극적으로 늘어날 것이다.

"

우유부단의 목적을 이해하면 자존감이 멀어지는 일에서 우리를 지키고, 우유부단을 사소하고 해결 가능하다고 여기는 데 도움이 된다. 가치가 낮은 일에서 열심히 꾸물대라.

당신과 당신이 하는 일 사이의 줄다리기

START NOW
G E T
PERFECT
L A T E R

제비 한 마리가 왔다고 해서 여름이 온 것은 아니다. 한 번 실패했다고 해서 당신이 낙오자가 되는 건 아니다.

내가 예술가로서 경제적 실패를 겪은 중요한 이유는 내 작품을 보여주고 파는 것에 겁을 냈기 때문이다. 보는 사람이 없는 작품을 팔기는 거의 불가능하다. 그런데도 나는 누군가가 내 작업실 문을 두드리고 들어와서 내 모든 작품을 구입하고, 나를 나 자신으로부터 구해줄 거라는 실낱같은 희망을 가지고 마음을 다잡으며 계속해서 그림을 그려나갔다.

지금의 나는 계속 더 많은 그림을 그린 게 사실은 내 작품을 화랑과 미술품 거래상에게 가지고 가서 경쟁의 세계로 뛰어들지 않기 위한 적극적인 꾸물거림이었다는 걸 알고 있다. 나는 가슴속 깊이 그림이 내게 가장 중요한 일임을 알았다. 나는 충분히 많은 작품을 만들어냈고, 내 작품을 보고 구입해줄 에이전트, 화랑, 언론이 필요하다는 걸 알고 있었다.

그렇다면 내가 그들을 피한 채 우리 집을 내 기존 작품만큼이나 전혀 팔리지 않은 신작들로 가득 채워놓은 이유는 무엇이었을까? 무의식적으로 내 자존감을 지키고 있었기 때문이다.

내게 예술은 고통이었다. 누군가가 내 작품을 볼 때면 그가 문제투성이의 벌거벗은 내 영혼을 비판하는 것처럼 느꼈다. 누군가가 나와 같은 방에 앉아서 내가 그린 그림을 보는 건 더더욱 참을 수 없었다. 특히 그가 내 그림을 좋아하지 않는 기색이라도 보이면 더 그랬다.

나는 너무나 민감했다. 그림을 보는 사람이 내 작품에 호평을 늘어놓지 않으면 그가 실은 내 작품을 싫어하지만 내게 그 사실을 숨기고 있다고 생각했다. 그가 내 작품이 마음에 든다고 말할 때는 그 말을 믿지 않으려고 했다.

당시의 나는 내 정체성을 내 작품에 대한 비판으로부터 떼어낼 수가 없었다. 내가 판단 대상이 되고 있는 것처럼 느꼈다. 내 존재와 본성이 난도질당해 버려질 위험에 노출된 것 같았다.

당신은 내 작품이 내가 아니라는 것을 안다. 내가 내 작품이 아니듯이 당신의 일도 당신 자체는 아니다. 내 작품은 아이디어의 표현이었고, 당신의 할 일 목록은 단순히 끝냈거나 끝내야 할 행동들을 정리한 목록에 불과하다.

엉망진창으로 끝내거나 전혀 손을 대지 않은 일이 당신이 누군지를 정의하지는 못한다. 내 작품을 비판한 누군가가 나를 실패한 인간으로 만들지 못하는 것과 같다.

나는 나 자신에게 너무 엄하게 굴었다. 내가 자신에게 가장 엄격한 비평가였지만 그 사실을 알지도 못했다. 나는 내 자존감을 지키는 데만 너무 몰두한 나머지 기본적인 사교 활동을 포함해서, 그것을 파괴할 수 있는 어떤 일이라도 기피했다. 슬프고도 아이러니하게도, 내가 자존감을 위해 한 보호적 행동이 나를 가장 심하게 파괴하고 있었다.

당신을 관대하게 대하라. 당신에게 잘해줘라. 당신은 그런 대우를 받을 가치가 있다. 당신이 성공할 때도 있고 실패할 때도 있을 것이다. 하지만 당신이 마지막 한 일이 완전 엉터리였다고 해도 당신이 멋진 사람임은 의심할 여지가 없다.

사람들이 당신을 비판하건 말건 상관하지 말라. 그리고 자신에게 친절하라.

❝

당신과 당신 일 사이에 명확한 방어벽을 만들어라. 세상이 당신 일을 평가할 수 있겠지만, 그것이 당신이 누구인지를 정의하지는 못한다. 당신은 단호하고, 투명하고, 위대한 모습을 보여줄 수 있다.

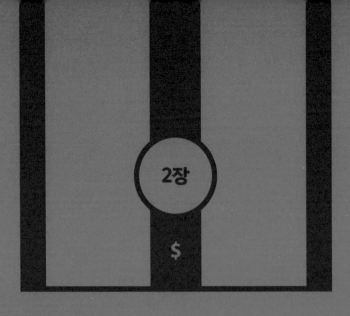

2장

$

만반의 준비는
불가능하다

일의 완성을 방해하는 혼란, 꾸물거림, 압박감, 변명, 거짓이 초래하는 문제를 짧은 한 문장으로 완벽하게 요약·정리해주는 영어 표현이 있다.

"I'm (just) getting my ducks in a row"라는 표현이다.

이게 대체 무슨 뜻일까?

담장 위에 장식용 오리들을 올려놓고 사진을 찍는 게 인기를 끈 적이 있다. 서너 마리의 오리 장식을 완벽하게 크기 순서대로 세워놓는 사진이었다. 그렇게 하면 아름답도록 대칭적이고 완벽한 줄이 만들어진다.

여기서 유래된 영어 표현(직역하면 "내 오리들을 줄 세워놓았다")을 의역하면 "만반의 준비를 끝내다"란 뜻이 된다.

그런데 이런 식의 준비는 이제 그만둬야 한다.

시작도 하기 전에 만반의 준비를 끝내는 것은 불가능하기 때문이다. 스티브 잡스는 "우리의 미래를 알 수 없기에 앞날을 내다보며 점을 연결할 수가 없다. 과거를, 즉 내가 걸어온 길을 돌아봐야 비로소 연결할 수 있다"라고 말했다.

미리 만반의 준비를 끝낸다는 것은 상당히 아이러니하다. 그것이 꾸물거리는 기술이자, 아무것도 이루지 못한 채 바쁘기만 한 문화적 변명이 되었기 때문이다.

2장에서는 당신을 포함한 거의 모든 사람이 해보지도 않은 채 만반의 준비를 갖춘다는 핑계로 바쁜 척할 때 쓰는 모든 방법을 다뤄보겠다.

완벽한 때라는 건 결코 없다

START NOW
G E T
PERFECT
L A T E R

우리는 완벽주의를 마치 우리의 위대함을 드러내는 명예의 훈장인 듯 생각하고 추종하는 경향이 있다. 내가 같이 일할 사람을 찾기 위해 응시자들에게 '약점'이 있는지 물었을 때 가장 흔하게 듣는 대답 중 하나가 "저는 완벽주의자입니다"이다. 이 말은 약점이 없다는 의미로 사용되고 있었다.

자칭 완벽주의자인 응시자들은 "저는 완벽주의자이기 때문에 맡은 일에 엄청난 능력을 발휘할 수 있습니다"라며 완벽주의를 중요한 장점으로 부각시키기 위해서 노력한다. 그들을 뽑으면 반 년 뒤 회사를 떠난다. 그들은 정해주지 않은 일은 아무것도 할 수 없다.

대학생이었을 때 나는 셔츠를 옷걸이에 똑같은 간격으로 어두운 색부터 밝은 색 순으로 걸어두었다. 내가 신는 제프리 웨스트 구두들은 모두 똑바로 줄을 맞춰서 옷걸이 아래 깔끔하게 정돈했다. 구두와 옷을 완벽하게 정리할 때까지는 방을 떠날 수 없었다.

가끔은 종종 방문을 닫으면서 정리 상태를 쓱 훑어보다가 다시 방으로 달려 들어가서 옷걸이 위치를 조정하거나 구두 한 켤레 위치를 털끝만큼 옮겨놓곤 했다. 나도 안다. 내가 특이한 사람이란 걸.

친구들은 곧바로 내 이런 특이한 행동을 알아차리고, 구두와 셔츠를 옮겨놓기 시작했다. 처음에는 조금씩만 옮겼다. 그들은 내가 돌아가서 다시 모든 걸 원상태로 되돌려놓는 모습을 지켜보곤 했다. 친구들은 재미있어 했고, 내 머리에선 쥐가 났다.

나는 지금도 여전히 내 옷을 깔끔하게 색깔별로 정리해놓기를 좋아하지만, 레이저 측정기를 필요로 하지는 않는다. 이제는 내 아이들 덕분에 스스로의 강박을 살펴보고, 창문 밖으로 던져버릴 수 있게 되었다.

정리가 잘된 상태로 있고 싶은 욕구와 뭔가를 잘해보려고 현학적 완벽주의자가 되려는 것 사이에는 상당한 차이가 있다.

그렇다. 계획하고 준비하라. 하지만 지금 시작하라. 완벽하지 않더라도 직업적·개인적으로 탁월해지기 위해 일단 노력하라.

완벽함은 진보의 저주다. 우리가 완벽하게 불완전하다는 게 완벽함의 역설이다. 지금만큼만 완벽하면 된다. 그래도 망하지 않는다. 우리는 결점을 가지고 있고, 특이하며, 실수를 한다. 우리는 성장하고, 학습하고, 지루함과 위축감에 더 잘 맞서기 위해 노력해야 한다. 하지만 달성 불가능한 일을 계속해서 이루려고 하다가는 많은 불안, 즉 '결코 충분하지 않다'는 감정과 함께 꾸물거림, 고통을 연장하는 마비만을 느낄 수 있다.

완벽하면 어쨌든 지루해질 것이다. 목표를 잃고, 성장할 다른 곳을 찾지 못한다(비록 모두가 그러는 건 아닐지라도). 사람들은 당신의 결함에 끌린다. 누구도 완벽함을 이해하지 못한다.

완벽함이 주는 고통과 역설은 강점이 아닌 두려움에서 비롯된다. 당신은 미지의 것, 실수를 저지르는 것, 위험을 무릅쓰는 것, 틀리거나 멍청해 보이는 것, 판단 대상이 되거나 거절을 당하는 일을 두려워할 수 있다. 또 사람들의 기대에 부응하지 못하거나 사람들의 기대를 저버리거나 사람들을 불만스럽게 만들거나 혹은 늘 뭔가가, 특히 당신의 어떤 능력이 부족할까 봐 두려울지 모른다.

결정이나 일이 힘들어 보일 수도 있다. 당신은 단지 그것을 제대로 하기만 원할 뿐이다. 당신이 처음으로 이성과 잠자리를 가졌을 때 완벽하지 않았을 수도 있지만, 그게 두려워 첫 관계를 포기하지는 않았는지 떠올려보라.

"미루는 습관을 버리자. 완벽한 때라는 건 결코 없다."

나폴레온 힐 *Napoleon Hill*

"

완벽주의는 저주가 될 수도 있고, 실패에 대한 두려움과 판단 대상이 되는 두려움을 피하고 자존감을 지켜주는 장막이 될 수도 있다. 그것보다 탁월해지기 위해 노력하라.

지금 시작하고, 나중에 완벽해져라.

아무것도 하지 않는 시간

아무것도 하지 않기 위해선 많은 시간이 필요하다.

어머니는 깔끔하게 정리하는 걸 좋아한다. 어머니는 그것을 '청소'라고 부른다. 그런데 나는 여러 해 동안 어머니가 '청소'하는 모습을 지켜보면서 사실은 아무것도 청소하고 있지 않다는 걸 알아차렸다. 어머니는 오랜 시간을 들여 지저분한 것들을 한 곳에서 다른 곳으로 옮기고 있었다.

어머니는 그 작업을 마치면 많은 일을 했다고 느끼는 것 같다. 나는 어머니를 사랑하지만 이것이 사람들이 말하는 '집중해서 하는 일 deep work'이 아니라는 것을 안다.

당신은 업무를 준비하며 미리 책상 정리를 해두지 않는가? 청소는 언제 하는가? 혹시 정말 중요한 일이 일어났는지 알아보려고 5분마다 휴대전화를 들여다보지는 않는가? 사실 중요한 일을 미루고 있는데도 불구하고 지금 바쁘고 발전하고 있다는 자기기만에 빠지지 않도록 언제나 주의해야 한다.

나는 일하기 전에 내 팟캐스트 '파괴적 기업가Disruptive Entrepreneur'에 대한 분석과 리뷰를 확인한다. 나는 또한 내 책『레버리지』의 판매 순위와 독자평도 확인한다. 이처럼 중요한 일에 집중하기 전에 다른 자잘한 일에 매달리는 '뜸들이기' 중독은 이 책의 전작인『머니』가 출간되기 전에 최고조에 달했다. 당신이 이런 '뜸들이기' 중독이라는 걸 인정하면 이 문제의 절반은 해결된 셈이다.

혹시 페이스북이나 인스타그램 등 SNS를 자주 확인하는가? 이메일을 읽은 다음 곧바로 새로 고침 버튼을 누르는가? 본격적으로 일을 시작하기 전에 만반의 준비를 하길 원하는가?

'뜸을 들인다'는 건 '천천히 준비한다'는 뜻이지만, 가장 중요한 일을 먼저 빠르게 처리하기 위해선 그렇게 할 필요가 없다. 뜸들이기를 멈춰라. 지금 시작하라. 정신 차리고, 즉시 가장 중요한 일로 뛰어들어라. 가속도를 붙여라. 오랜 습관에서 벗어나서 무엇보다 서둘러서 일을 끝내는 새로운 습관을 만들어라.

첫 번째 휴식을 취할 때 약간 꾸물대는 것으로 자신에게 보상할 수 있다. 잠시 후에 정신없이 일할 채비를 갖추고, 맘에 드는 모든 걸 살펴보는 짧은 시간을 가져라.

　속도가 빨라지면 점점 더 가속도가 붙는다. 일을 계속할 때보다 시작할 때 더 많은 에너지가 소모된다. '뜸들이기'를 할수록 시작하기 더 힘들어진다. 움직이는 몸은 계속해서 움직이고, 휴식을 취하는 몸은 계속해서 휴식을 취하려는 경향을 보인다. 일을 미룰 기회를 찾지 말라. 그랬다가는 일을 시작하기 점점 더 힘들어질 것이다.

"

'뜸들이기'는 우리가 시작하기 전에 '만반의 준비를 갖추려다' 야기하는 거짓 분주함이다. 정신을 차려라. 법석 떨기, 확인, 정리는 첫 번째 휴식 시간 때 하기 위해 아껴둬라. 그때 당신은 약간 꾸물대면서 자신에게 보상할 수 있다. 지금 중요한 일들을 시작하라.

바쁘다는 착각부터 버려라

START NOW
G E T
PERFECT
L A T E R

당신이 바쁘다는 거짓말에 가장 쉽게 속을 것 같은 사람은 누굴까? 그렇다, 당신이다! '뜸들이기'의 친척은 '적극적 꾸물거림'이다. 바쁜 바보가 하는 전형적 행동으로 알려져 있다. 그런 바보는 많이 걸어 다니지만 목적지를 모르고 걷다가 절벽 아래로 떨어지는 레밍(나그네쥐)과 다를 바 없다.

'적극적 꾸물거림'은 다음 두 가지 형태로 나타난다.

1. 나에게 닥친 문제 해결은 미룬 채 다른 사람의 문제 해결을 돕고, 다른 사람의 급한 일을 해결해주면서 이리저리 끌려다닌 적은 없는가? 눈코 뜰 새 없이 바쁜 하루를 보

낸 끝에 오늘 의미 있는 일을 전혀 하지 못했다는 사실을
깨달은 적은 없는가?

2. 중요도가 낮은 일만 완수하고, 중요한 일들은 미뤄놓은
    채 미치도록 바쁜 하루를 보냈다고 확신한 적은 없는가?
    하루의 끝에 결국 의미 있는 일을 거의 하지 못했다는 사
    실을 깨달은 적은 없는가?

1번은 다른 사람들 때문에 생긴 '적극적 꾸물거림'이다. 다른
사람들이 당신의 시간과 일의 흐름과 생산성을 좌지우지하게 만
드는 행동이다. 당신은 자신이 아닌 그들에게 필요한 성과를 낼지
모른다. 돈을 받거나, 거절하기 힘들다고 판단하거나, 자기 일 중
어떤 일에 초점을 맞추거나 우선순위를 둬야 할지 몰라서 이런 일
이 벌어질 수도 있다.

2번은 당신이 사실은 일상적인 일만 잔뜩 하면서 중요한 일은
엉망진창으로 하거나 아예 하지도 않는데도 바쁘다는 착각에 빠
지는 '적극적 꾸물거림'이다.

적극적 꾸물거림은 망상이다. 그것은 머릿속에서 당신을 놀리
고, 하면 안 된다는 걸 알고 있는 일을 하도록 당신을 조종하는 '또
다른 자아'다. 그것은 당신을 놀리고, 당신을 가지고 논다. 종종 당

신의 발전과 생산성을 없애는 가장 큰 원인이 된다.

적극적 꾸물거림은 똑똑하고 기만적이다. 당신에게 바쁘다는 확신을 갖게 만든다. 마치 "뭐 해, 하기 싫다는 거 알잖아. 나중에 해"라고 말하는 것 같다. 그것엔 페르소나가 있다. 나는 그것을 '내 안의 망할 놈'이라고 부르겠다. 뒤에서 다시 '이것'에 대해 집중적으로 다루어보려고 한다.

당신의 이런 가학적인 면을 통제해야 한다. 다른 이유 없이 바쁜 척하는 걸 당장 중단하라. 중요하면서 우선순위가 높은 일을 즉시 시작해야 한다. 중요한 결정을 내려라. 심오하고 의미가 있는 일을 하라. 그렘린(기계에 고장을 일으키는 것으로 여겨지는 가상의 존재)을 무찔러라.

내 아내는 항상 바쁘다. 당신도 분명 그런 사람을 알고 있을 것이다. 나는 아내가 덜 바쁘길 바랐다. 우리는 청소해주는 사람, 요리사, 정원사, 개인적인 일을 도와줄 특별 개인비서, 운전사를 고용했다. 우리 아이들은 할머니와 할아버지가 돌봐주신다. 어쨌든 그래도 우리는 시간이 없어 둘만의 시간을 가지지 못하고 있다.

"

바쁘다는 느낌을 받기 위해서 바쁜 척하는 '적극적 꾸물거림'에 주의하라. 그것은 아이스크림을 통째로 먹는 것과 같다. 먹을 때는 좋지만 먹고 나서 죄책감이 밀려올 것이다. 그 패턴을 깨고, 가치가 높은 일을 하거나 지금 중요한 결정을 내려라.

내일로 미루지 말라

START NOW
G E T
PERFECT
L A T E R

"내일모레도 똑같이 잘할 수 있는 일을 내일까지 미루지 말라."

마크 트웨인 *Mark Twain* (1835~1910),
미국 소설가

혹시 영화 「위드네일과 나Withnail and I」(1987년)를 봤는지 모르 겠다. 영화에 등장하는 학생 주인공들은 청소나 설거지와는 담을 쌓고 더러운 채로 지낸다. 대학 재학 시절 내 동창들과 내가 함께 살던 집의 부엌 상태도 그랬다.

나는 마이크와 1층 부엌을 같이 썼는데, 우리는 그릇과 식기 도 구를 설거지해서 다시 사용하는 대신 그것들을 버리고 새로 사기로 했다. 하지만 그러려면 돈이 들었기 때문에 우리는 결국 버리기를 포기하고, 더러운 냄비와 그릇들을 싱크대와 그 주변에 계속해서 높게 쌓아올렸다. 마침내 더 놓아둘 곳이 없어지자 우리는 부엌문을 걸어 잠그고 그대로 내버려뒀다.

우리 두 사람은 머릿속의 아주 어둡고 깊숙한 곳에 부엌을 감춰둔 채 부엌이 아예 없다고 믿기로 한 것 같았다. 또 다른 학기가 지나가는 동안 부엌문은 여전히 굳게 잠겨 있었다. 가끔 부엌 주변을 지나가다가 어떤 소리가 들릴지 모른다는 상상을 했다. 그래서 되도록 그 주변을 피해 내 방 안으로 뛰어 들어가곤 했다.

우리는 대학 2학년 때부터 3학년 때까지 같은 집에 머물렀다. 부엌 청소를 할 필요가 없었기 때문에 아주 편리한 주거 공간이었다. 대신 다른 친구들의 부엌을 빌려 썼는데, 친구들은 그런 우리를 별로 탐탁지 않게 여겼다. 우리는 테이크아웃 음식도 자주 사먹었다. 다시 시간이 흘러 4학년의 마지막 날이 되었다. 그러자 우리가 2년 가까이 회피해왔던 일, 부엌 청소가 우리의 마음을 무겁게 만들었다.

마이크와 나는 청소를 하고 싶지 않았다. 나는 마이크에게 먼저 해보라고 부탁(강요)해보았다. 마이크가 천천히 부엌문을 열었다. 살짝 열린 문으로 수천 마리의 파리 떼가 토네이도처럼 무리를 지어 뛰쳐나오더니 집 1층 전체를 뒤덮었다. 파리들은 뚱뚱하고, 굶주리고, 분노한 돌연변이 생명체 같았다.

우리는 그들 사이를 헤치고 나가며 맞섰다. 상상 이상의, 형언할 수 없을 정도로 구역질이 나는 악취가 풍겼고, 불쾌하기 이를데 없는 곰팡이와 부패가 도처에서 목격됐다.

문제의 부엌을 소독하는 데 꼬박 하루가 걸렸다. 우리는 대부분의 주방용품을 폐기처분했다. 싱크대를 닦고, 닦고, 또 닦았다. 우리에겐 감추고 싶은 부끄러운 일이었지만, 다른 친구들에게는 엄청난 놀림거리가 되었다.

일을 미루다간 악취가 풍길 때까지 썩는다. 아무것도 하지 않고, 미루고, 현실을 외면하려는 결정도 역시 결정이다. 그것은 사라지지 않는다. 누구도 당신 대신 당신 부엌을 청소해주지 않는다. 문제는 뭔가 중요한 일이 터질 때까지 더 커지면서 점점 악화된다.

누군가가 당신을 구해줄 거란 실낱같은 희망을 가질 수도 있겠지만, 위험을 감수하고 변화를 모색하는 사람들은 그런 식으로 생각하지 않는다. 무슨 일이 있더라도 현실을 외면해선 안 된다. 머릿속에서 들리는 진실로부터 숨지 말라. 좀 미뤄도 된다는 안이한 생각은 금물이다. 뭘 해야 하는지 안다면 꾸물대지 말고 당장 그일을 실행하라.

부엌 청소를 끝내자 나는 해방감과 자유로움을 느꼈다. 내 어깨를 2년 동안 짓누르던 짐을 내려놓은 기분이었다. 감옥에서 풀려난 것 같은 기분이었다. 당신도 중요하고 어려운 일을 무엇보다 먼저 끝냈을 때 그런 기분을 느낄 것이다.

"

오늘 해야 할 일을 내일로 미루지 말라. 지금 시작하라. 아무것도 하지 않겠다는 결정도 결정이며, 당신이 해결하기 전까지 그 모든 중요한 일들은 점점 더 끔찍해지고, 커지고, 어려워질 것이다.
심호흡을 하라. 생각하지. 말라. 그냥 지금 시작하라.

멀티태스킹이라는 함정

START NOW
G E T
PERFECT
L A T E R .

컴퓨터에 한 번에 몇 개의 브라우저를 열어놓고 쓰는가? 휴대전화에 켜둔 웹사이트나 앱은 몇 개인가? 끝내지 못한 일이나 시작하긴 했지만 미완성인 일은 얼마나 되는가?

"하나 이상이다"라고 답한다면 당신은 해야 할 일을 건너뛰고 있는 중일 가능성이 높다. 바쁘다는 망상에 빠져 중요한 발전을 이뤘다는 착각에 빠지는 격이다.

우리는 스스로에게 '멀티태스킹'을 하고 있다는 거짓말을 쉽게 한다. 우리는 한 번에 두 가지 이상의 일을 동시에 할 수 있다고 느낀다. 그러면서 여러 다른 일을 해야 하는 다채로운 삶을 즐긴다. 어떤 사람은 심지어 멀티태스킹에 능하다고 말해주기도 한다. 설상가상으로 스스로도 그렇다고 확신한다. 심지어는 그렇게 믿으며 신나 한다. 하지만 하지 않고 건너뛰는 일은 바로 '휴식'이다.

멀티태스킹이란 의식적으로 관심을 두지 않고서도 적극적으로 중요한 일을 해내는 상태다. 운동하면서 팟캐스트를 듣는다면 그건 합리적이고 효과적인 멀티태스킹이다. 회의하는 도중에 전혀 다른 일로 누군가에게 문자를 보내는 건 멀티태스킹이 아니다. 장거리 비행을 하면서 글을 쓰거나 책을 읽는 것도 합리적이고 효과적인 멀티태스킹이다. 데이트를 하면서 페이스북을 보는 건 멀티태스킹이 아니다.

일 건너뛰기는 습관적 행동이다. 처음엔 악의 없이 일을 건너뛸지 몰라도, 새로운 일을 하다가 건너뛰고 더 새로운 일을 하다가 또 건너뛰고 더 새로운 일을 하는 식으로 계속 이어질 수 있다. 계속 반복한다면 자기도 모르는 사이에 벌려놓은 일은 많은데 마무리 지은 일은 하나도 없게 된다.

너무 많은 브라우저와 프로그램을 동시에 열어놨다가 작동이 멈춘 컴퓨터처럼 당신은 과부하가 걸려 메모리가 빨리 돌아가지 않는 컴퓨터처럼 된다.

이 일 저 일 건너뛸 때마다 일에 몰두할 수가 없다. 일에 몰두했을 때 최소한의 저항감만 느끼며 일에 가속도가 붙는 기분을 경험할 수 없다. 일에 가속도가 붙는 것을 '존zone' 내지 '그루브groove'

상태에 빠졌다고 말한다. 이런 상태에 빠지려면 시간이 걸린다. 움직이는 몸은 계속해서 움직이는 상태로 남으려고 하고, 쉬려는 몸은 계속해서 쉬려는 상태로 남으려는 경향이 있다는 사실을 기억해야 한다.

글로리아 마크Gloria Mark 캘리포니아대학 교수가 쓴 『방해받은 일의 대가The Cost of Interrupted Work: More Speed and Stress』에 따르면 원래 하던 일로 되돌아가는 데 걸리는 시간은 평균 23분 15초다. 무슨 의미냐면, 당신이 중단했던 일을 다시 하려고 뛰어들어 몰입하는 데 걸리는 시간 동안 원래 하던 일을 왕창 할 수 있었단 뜻이다.

『몰입Flow』의 저자 미하이 칙센트미하이Mihaly Csikszentmihalyi는 하던 일을 계속하는 흐름의 상태를 "사람이 하고 있는 일에 100퍼센트 몰두하려는 본질적 동기가 최적인 상태"라고 불렀다. 하던 일에 완전히 몰입하다 보니 시간이 멈추거나 사라진 것 같은 느낌을 받을 때가 그때다. 몰입 상태에 빠졌을 때는 에너지가 남아 있는 한 계속 그 상태가 유지되도록 해야 한다.

이 책의 후반부에서는 몰입 상태에 계속 머물 수 있는 아주 간단한 기술을 알려주려고 한다. 그것은 당신이 쉽게 따를 수 있으며, 내가 이 책을 쓰는 일이나 다른 중요한 일을 끝내기 위해 집중할 수 있도록 도와줬다. 당신도 당장 활용할 수 있을 만한 간단한 기술이다.

마크 교수에 따르면 사람들은 평균 3분 5초마다 하던 행동을 바꿨다. 자잘한 일들을 바꿔가면서 하는 건 물론이고 10분 39초마다 프로젝트를 통째로 바꿨다. 세상에 어떻게 이런 일이 일어날 수 있을까?

하루에 다섯 번만 일을 건너뛰어도 15분마다 일을 옮겨 다니게 되고 최대 2시간을 낭비하게 된다. 중요한 프로젝트에 1시간도 투자할 수 없게 된다. 일에 계속 몰두할 경우 얼마나 많은 시간을 자유롭게 보낼 수 있을지 상상해보라.

내 일차원적인 뇌는 간섭받는 걸 싫어한다. 난 불과 1초 만에 내가 방금 무슨 일을 하고 있었고 무슨 생각을 하고 있었는지를 잊는다. 그리고는 아주 중요한 일을 그토록 빨리 잊어버린 건 아닌지 걱정한다. 그러다가 방해꾼 때문에 화가 나서 그에게 마구 쏘아붙인다. 그러다 왜 내가 그랬는지를 잊어버린다.

그런데 그 방해꾼이 보통 내 배우자이기 때문에 나는 사과하느라 시간을 더 써야 한다. 그러고도 되돌아올 처벌을 두려워한다. 보통은 별 처벌을 안 받지만, 분명 나만 이런 경험을 하는 건 아닐 것이라 확신한다. 아닌가?

항상 당신이 지금 당장 하고 있는 중요한 일을 못하게 방해하는 어떤 일이 터지기 마련이다. 물론 당신을 방해하는 사람에게는 그것이 급한 일이다. 그리고 상황을 방치하는 한 당신은 중요한 일을 마무리 짓지 못하고, 모든 일이 급해져서 몇 주 전에 미리 우선순위를 정해놓을 수 있었고, 또 마땅히 그랬어야 했던 문제들을 해결하기 위해 반사적으로 정신없이 뛰어다닌다.

이런 일이 일어나게 해서는 안 된다. 도처에 에너지를 뿌리면서 낭비하거나 헛된 곳에 써서는 안 된다.

사람들은 경력과 생활양식 속에서도 일을 건너뛴다. 가장 중요한 일에 매진하지 못하고, 몇 가지 부업에 한눈을 팔고, 여러 가지 일을 동시에 하면서도 발전할 수 있다고 느낀다. 한편 그들은 종종 위대한 기회를 놓칠까 봐 두렵다. 하지만 그런 기회를 잡기 힘들거나 그것이 그들의 (비현실적) 기대에 부합하지 않는 순간, 다음에는 더 잘할 수 있다는 착각에 빠져서 다른 일을 한다.

사람들은 한평생 이런 패턴을 반복한다. 이성과 데이트를 하고 사귈 때도 손해 보지 않으려고 양다리를 걸치거나 다양한 '백업' 계획을 세워놓다가 결국 어떤 이성(일로 따지면 원래 하려던 계획)에게 전적으로 집중하지 못한다. 플랜 A를 성공시키면 플랜 B가 불필요한 것 아니겠는가? 사람들은 멈췄다가 시작했다가 다시 중단했다가 반복적으로 바꿨다가 처음부터 다시 시작하면서 일과 사생활의 성공을 전적으로 운에 맡긴다.

따라서 여기저기 들쑤시고 다니면서 수박 겉핥기식으로 일하거나 살지 말라. 뭘 해도 좁은 범위 내에서 심도 있게 해야 한다. 아울러 이 일 저 일 건너뛰지 말고 한 가지 일에만 집중해서 파고들었을 때 얻는 또 다른 엄청난 보너스는 『몰입』에 나온 이 부분이다.

"우리 삶에서 최고의 순간은 수동적이고 수용적이고 편안한 시간이 아니다. (…) 최고의 순간은 보통 한 사람의 몸이나 생각이 어렵지만 가치 있는 중요한 뭔가를 이루기 위한 자발적인 노력 속에서 최대한도로 확장됐을 때 생긴다. 이런 몰입의 상태에서 그들은 행동, 특히 그들의 창의적 능력이 수반되는 행동 속에 완전히 빠져든다. 이런 '최상의 경험'을 하는 동안 그들은 강하고, 기민하고, 수월하게 통제하고, 남의 눈을 의식하지 않고, 능력의 정점 상태에 있다는 느낌을 받는다."

(나는 이번 장을 쓰다가 세 번만 한눈을 팔았다. 이제는 이번 장을 완성함으로써 깊은 성취감을 느낀다. 이제 좀 쉬어야겠다고 생각한다.)

"

일을 건너뛰는 건 멀티태스킹이 아니라 시간 낭비다. 일을 건너뛰면서 너무나 많은 일들 사이를 헤집고 다니다가는 어떤 일을 끝내는 데 당초 예상했던 것보다 두 배에서 여덟 배 더 많은 시간이 걸릴 수 있다. 이 일 저 일 돌아다니는 사이에 걸리는 시간은 에너지를 소진시킨다. 움직이는 몸은 계속해서 움직이는 상태를 유지하려는 경향이 있기 때문이다.

이 일 저 일을 옮겨가며 하는 동안 모든 에너지는 거듭 시작 단계에 머문다. 모든 방해 요인을 외면하고, 스스로를 고립시킨 후 최대한 오랫동안 몰입 상태를 유지하라.

유레카는 작은 결정에서 시작된다

START NOW
G E T
PERFECT
L A T E R

사람들은 결정에 몇 년의 시간이 걸린다고 생각하지만 그것은 사실이 아니다. 사람들은 결정이 엄청난 일이라고 생각하지만 그것도 사실이 아니다. 사람들은 결정이 하나의 사건이라고 생각하지만 현실은 좀처럼 그렇게 돌아가지 않는다.

눈 깜빡할 시간에 한 가지 결정을 내릴 수 있다. 모든 시간과 에너지는 그 결정을 내리는 과정에 소모된다. 그 하나의 간단한 결정을 모호하게 만들거나 지연시키는 것들이 있다. 소음, 의심, 두려움, 당신이 내린 결정의 영향에 대한 추측, 타인이 당신에 대해서 낼 목소리와 가질 생각 등이다.

며칠이나 몇 주, 심지어 몇 년의 시간이 걸려 당신 머릿속에 결정을 위해 준비해놓은 데이터와 경험인데, 그들 중 상당수가 집중을 방해하는 불필요한 요소들이다.

우리는 끊임없이 작은 결정을 내린다. 그런 결정은 하나의 특별한 생각이다. 이때, 두뇌 에너지는 아주 약간만 소비된다. 이후 그 결정은 사라지고, 다른 결정으로 대체된다. 성인 한 사람이 매일 3만 5,000개 정도의 의식적인 결정을 내리는 걸로 추정된다. 아이는 매일 3,000개 정도의 결정을 한다.

코넬대학 연구원에 따르면 우리는 먹을 음식만 가지고도 매일 226.7번 결정한다. 퍼즐러 마인드 짐Puzzler Mind Gym의 토니 에이블화이트Tony Ablewhite에 따르면 보통 사람은 평생 77만 3,618번 결정하고, 살면서 그 결정들 중 최대 14만 3,262번을 후회한다.

하나의 결정은 사실 하나의 결정이 아니다. 당신이 하나의 큰 결정이라고 생각하는 것은 사실 앞서 내린 많은 작은 결정이 누적된 결과다. 관계가 깨졌다고 해서 순식간에 '사랑하는 상태'에서 '결별 상태'로 바뀌지 않는다. 당신은 하나의 큰 결정이라고 생각하는 것을 내리기까지 수개월 내지는 수년 동안 작은 질문을 던지고 결정한다. 이렇게 사전에 내린 모든 결정이 하나의 큰 결정으로 이어진다.

배우자가 바람을 피웠다는 걸 갑자기 알게 됐을 때조차 여전히 '행복했던 순간'과 '배우자와의 관계 파탄' 사이에서 많은 결정을 내린다. 관계를 유지하기로 결정한 많은 사람은 매일 그 결정을 재고하게 될 것이다. 결정을 내렸다가 몇 달이나 몇 년 뒤에야 그 것을 다시 따져보는 사람도 있다.

사람들은 실제보다 훨씬 더 중요한 것 같은 결정에 상당한 무 게를 둔다. 그 결정이 인생에서 가장 중요하다고 믿는다. 당신이 실제보다 더 많은 관심을 두지 않는다면 더 똑똑하고, 빠르고, 큰 결정을 내려봤자 소용이 없다. 크게 생각하더라도 작게 시작해야 한다.

성공하려면 지금 시작하고, 나중에 완벽해지겠다고 결정하라. 일단 그런 결정을 빠르고 쉽게 내린 이상, 비로소 이후 일련의 결 정들이 이어진다. 이 결정 중 일부는 좋은 결정을 토대로 내린 좋 은 결정이지만, 당신을 약간 퇴보하게 만드는 나쁜 결정도 있다.

계속해서 결정하며 나아가라. 어떤 경우 먼저 빠르게 실패할 필요가 있다. 중대한 결정을 작은 단계의 결정들로 쪼개서 그것의 중요성이 주는 무게감을 줄여라.

영화 속에서 자주 등장하는 목욕이나 샤워 도중 갑작스러운 영 감과 깨달음을 느끼는 일종의 '현현顯現'이나 '유레카'의 순간은 언 론의 아주 좋은 기삿거리가 된다. 우리가 가장 존경하는 사람들을 포함해서 대부분의 사람들은 '유레카'의 순간을 경험한다. 그들은 이처럼 한 번의 획기적인 깨달음을 얻기 위해 수백에서 수천 번 결정한다. 분명 하루아침에 이룬 것 같은 성공도 다시 보면 10년 동안의 노력이 빚어낸 결과일 경우가 많은 것과 같다.

사람들은 종종 '유레카'를 위해 같은 행동을 수천 번 반복한다. 에디슨이 마침내 전구를 발명할 때까지 1만 번의 실험을 한 것과 마찬가지다. 큰 결정이란 건 없다고 하는 게 맞을 것이다. 꼼짝 못 하거나 압박감을 느낄 때도 역시 계속해서 작은 결정을 내리면서 그런 상태에서 빠져나가야 한다.

> **"**
>
> 대부분의 큰 결정은 그보다 훨씬 더 작은 많은 결정들로 이루어진다. 눈 깜짝할 사이면 결정할 수 있겠지만 결정을 준비하기까지 수년의 시간이 걸릴 수 있다. 성공을 위해 당신은 많은 좋은 (작은) 결정을 내리고, 몇 가지 나쁜 (작은) 결정을 내리게 된다는 걸 알게 되었다.
> 결정을 잘게 쪼개어 그것의 무게와 크기를 줄여라. 더 작은 결정을 하기 시작하라.

언제라도 경로를 수정할 수 있다

START NOW
G E T
PERFECT
L A T E R

다른 사람과 논쟁하는 상상을 해본 적이 있을 것이다.

분명 그래봤을 것이다. 누군가가 당신에게 기분 나쁜 말을 하거나, 퉁명스러운 이메일을 보내거나, 차에 탄 당신에게 심한 부상을 입혔거나, 당신을 이유 없이 노려봤다고 치자. 그러면 당신은 머릿속에서 그와 싸우는 상상을 해봤을 것이다.

그들에게 분노를 표출해 보았는가? 혹시 그들이 등 뒤에서 갑자기 당신을 공격하는 장면을 상상해보진 않았는가? 한 번에 몇 시간 혹은 며칠 동안 언쟁을 벌이는 상상은?

나는 예전에 내가 주요 연사였던 한 행사에서 누군가와 뜨거운 논쟁을 하는 상상에 흠뻑 빠진 적이 있었다. 그 상태로 나는 무심코 누군가를 따라 긴 통로를 지나 화장실로 들어가서 소변을 보려고 바지 지퍼를 내리기 일보 직전이었는데, 그때서야 비로소 그곳이 여자 화장실이라는 걸 깨달았다.

생면부지의 사람들과도 논쟁하는 상상을 할 수 있다. 그들이 현실에선 무슨 말을 할지는 사실상 모른다. 이런 머릿속 논쟁은 당신이 상상했던 삶을 파괴하고, 당신의 실제 삶에 혼란을 일으킬 수 있다. 실제로는 그런 일이 일어나지 않는다. 아니면 적어도 어떤 일도 당신 머릿속에서 본 장면처럼 전개되지 않는다.

우유부단해지거나, 시작하기 주저하거나, 심적 압박감을 느낄 때도 마찬가지다. 당신이 첫걸음을 떼지 못하게 막는 모든 두려움과 의심과 큰 결정의 무게감은 (대부분) 착각에 불과하다. 사람들이 당신, 과거 당신이 저질렀던 실수, 미지의 미래에 대해 어떻게 판단할 것인가에 대해 당신이 하는 생각은 모두 착각이다. 매번 아주 다른 사건이 일어나기 때문이다.

걱정은 틀릴 가능성이 매우 높지만 지금 이곳에 중대한 영향이나 피해를 줄 수 있는 상상의 미래일 뿐이다.

우리는 미래가 어떻게 전개될지 알 수 없다. 모든 끔찍한 시나리오에 대한 상상을 즉시 중단해야 한다. 머릿속에서 일어날지 모른다고 상상하는 나쁜 일들은 좀처럼 일어나지 않는다. 현실은 상상과 대체로 다르다. 그러니 마음을 다잡고 그냥 시작하라. 아니면 최소한 시작이라도 해봐라. 희망찬 현실이 미래가 되게 하라.

만약 나쁜 결정을 하더라도 다음에 내릴 작은 결정으로 그것을 바로잡을 수 있다. 3장의 '중요성을 줄이고 영속성을 제거하라' 부분에서 과거에 대한 고민을 중단하고, 상상했던 최악의 시나리오에서 벗어나고, 한 번 결정하면 그것이 영원히 지속된다는 생각을 지우고, 상상했던 두려움과 까다로운 결정의 맥락을 파악하는 방법을 배워볼 것이다.

대통령이 자신의 결정으로 국민이 죽을 수 있다는 걸 알면서도 어떤 결정을 할 수 있다면, 당신도 책 집필을 시작하거나, 전화를 걸어 힘든 대화를 하는 일처럼, 해야 한다는 걸 알면서도 그동안 미뤄왔던 다른 모든 일들을 할 수 있다.

"

당신의 걱정은 상상 속 논쟁처럼 일어날 가능성이 낮다. 거의 언제나 당신이 걱정한 대로 되지 않는다. 과거나 미래에 사는 걸 멈춰라. 결정한 뒤 순리에 맡겨라. 언제라도 경로를 수정해서 결과를 바꿔놓을 수 있다.

과거는 미래를 결정하지 못한다

START NOW
G E T
PERFECT
L A T E R

내 예전 여자 친구(앞에 나온 '인텐스')에게는 전 남자 친구(딕)가 있었다. 인텐스는 종종 내게 "딕이 이렇게 해서 싫었어. 당신도 그만해. 딕처럼 굴지 마"라고 말하곤 했다. 그러다가 또 "이 일, 저 일, 그 일은 딕처럼 하면 안 돼?"라고 말했다. 그런 말을 들을 때마다 나는 "그렇게 딕이 좋으면 다시 돌아가지 그래?"라고 말하곤 했다. 물론 내가 실제로 그렇게 말한 건 아니다. 머릿속에서만 그렇게 말했다. 나는 겁쟁이였다.

과거 속에서 살면서 향수, 죄책감, 황당함, 치욕, 분노로부터 벗어나지 못하면 앞으로 나아갈 수 없다. 또한 같은 장소에서 머물거나, 심지어 과거로 퇴행할 경우, 벗어나기 위해 수년의 시간이 걸릴 수 있다. 그토록 오랫동안 발전 없는 삶을 상상해보면 웃기지 않는가?

과거는 과거일 뿐이다. 과거는 끝났다. 과거를 지금 바꿀 수는 없다. 하지만 과거에 대한 기억과 의미, 그리고 그것이 당신의 미래에 영향을 주는 방식은 모두 바꿀 수 있다. 과거에서 벗어나기 위해 서두를수록 더 좋은 인생을 살 수 있다.

과거가 미래를 좌지우지하게 해선 안 되지만, 많은 사람이 그런 경험을 한다. 과거에 잘못했다고 여겨지는 일로 타인(혹은 자신)을 용서하지 못하면서 느끼는 강한 감정은 그들(과 당신)에게 큰 손해다.

당신은 50년 동안 어디서나 북극곰을 등에 업고 다니고 싶지는 않을 것이다. 하지만 사람들은 평생 동안 감정의 짐을 등에 짊어지고 다닌다. 그 짐은 거대한 북극곰처럼 당신을 점점 더 압박한다. 그런 부담을 오래 받을수록 점점 더 무거워진다.

북극곰은 어떤 요구를 하기 시작한다. "롭, 나 배고파. 음식 좀 줘"나 "롭, 나 목말라, 마실 것 좀 줘"나 "롭, 나 화장실 가고 싶어"처럼. 그러다가 북극곰(과거 감정의 짐)이 당신 삶을 지배하기 시작한다. 또 당신과 타인의 관계에도 영향을 미친다. 여자 친구가 "롭, 왜 우리가 데이트할 때 저 북극곰을 데리고 나왔어?"라고 물으면, "내가 미리 말하지 않았어? 난 어딜 가나 북극곰을 데리고 다녀. 벌써 수십 년 됐어"라고 변명하게 될 것이다.

최근에 학창 시절 친했던 데이브와 연락이 닿았다. 그를 다시 만나게 돼서 정말 기뻤다. 그는 잘 살아가고 있는 것 같았다. 우리는 20~30년 전 기억을 더듬어 나갔다. 데이브는 내가 꽤 뚱뚱했을 때 나와 친해졌다. 나는 그가 전혀 기억하지 못하는 수영 수업 이야기를 꺼냈다. 나는 어린 시절의 비만 때문에 감정적으로 상처받았던 기억을 지금까지 간직하고 있었지만, 그는 내 모습을 기억조차 하지 못했다. 별로 관심이 없었기 때문이다.

사람들은 자신의 인생과 문제를 고민하거나 걱정하느라 너무 바쁜 나머지 수영복을 입은 모습이 우스꽝스러워 고민하고 상처입은 열 살 때의 롭을 기억하지 못한다. 우리를 판단할 때 기준으로 삼고 있다고 생각하는 모든 것들에도 무관심하다. 우리는 롭처럼 되지 말고, 데이브처럼 나아가야 한다.

과거가 미래를 결정하지 못한다. 또 그렇게 하는 걸 용납해서도 안 된다. 당신만이 오늘은 새로운 날이고 미래와 다를 것임을 알고, 어떤 일이 일어나지 못하게 막을 수 있다. 그러면 새로운 기회와 새로운 도전이 생긴다.

새 데이트는 과거의 데이트와 다르다. 데이트를 시작하기도 전에 걱정하며 망칠 필요는 전혀 없다. 당신이 만나는 새 직원이나 상사는 예전과 다르다. 다른 강점과 약점을 가진 특별한 사람들이다. 그들이 당신의 과거 감정을 건드리는 행동이나 말을 하더라도 당신이 기억을 회상하고 연상하지 않으면 된다.

도나 브리지Donna Bridge 노스웨스턴대학 의과대학 교수의 연구에 따르면 어떤 사건에 대한 기억은 사실 그 사건에 대한 기억이 아니라 그 사건에 대한 과거의 회상(기억)에 대한 회상(기억)이다. 회상을 자주 할수록 기억은 더 많이, 변한다. 사람들을 거칠수록 전달되는 내용이 조금씩 달라지는 것과 같은 이치다.

따라서 당신은 시간이 지나 변해서 과거에 일어난 실제의 일과 거리가 멀어진 사건에 집착하고 있는 것일 수도 있다. 그건 좀 미친 짓이다.

"

현재에 충실하며 살아라. 과거의 짐이 현재의 삶을 망치게 해서는 안 된다. 굴레에서 벗어나라. 자신과 타인을 용서하라. 과거에 얽매여 살지 마라. 그것은 실패의 지름길이다.

어쨌든 사람들은 당신을 판단한다

START NOW
G E T
PERFECT
L A T E R

다른 사람들이 당신에 대해 어떻게 생각하건 그것이 도덕적·윤리적 판단에 따른 요구나 행동이 아닌 이상 당신의 결정에 영향을 주게 해선 안 된다. 한평생 다른 사람들이 당신에 대해 어떻게 생각할지 걱정하면서 결정을 내린다면, 당신은 당신의 참모습을 찾지 못하는 확실한 길을 걷고 있는 것이다. 계속 그러다가는 다른 사람들의 문제를 대신 해결해주고 자기 자신의 문제를 미루면서 정신없이 바쁘게 살게 된다.

다른 사람들이 당신에 대해 어떻게 생각하건 절대 상관하지 말라. 앞에서도 말했듯 그들은 그들의 삶을 사느라 너무 바빠서 당신이 어떻게 생각하는지를 고민할 시간적 여유가 없다.

2006년 나는 호주에서 처음으로 대중 강연을 했다. 내 인생을 바꾼 경험이었다. 처음에는 시험대에 오르는 기분이었지만, 내 메시지를 세상에 전파하면서 사람들에게 영감을 주는 일을 점점 더 사랑하게 되었다. 당시 나는 같이 강의하는 다른 사람들이 내 강연에 대해 어떻게 생각하는지 몰라 정말 많이 걱정했다. 그런 걱정 때문에 진이 빠졌다.

경험이 쌓이면서 내 강연 기술이 적절한 수준에 올랐다고 판단한 다음 나는 대중 강연에 대한 강좌를 설계해 강의를 시작했다. 강의를 시작하려는 사람들이 상처를 받을까 걱정하는 모습을 수도 없이 목격했다. 어떤 사람들은 감정을 주체하지 못하고 눈물을 흘리며 무너지기도 했다.

강의를 반복할수록 나는 걱정과 두려움이 무의미한 행동임을 깨달았다. 당신이 내 강좌에 참석해서 강연 연습을 한다면 강연을 듣는 청중 역할을 해주는 동료 연사들이 당신의 강연을 단 한마디도 듣고 있지 않다는 사실을 금방 알 수 있을 것이다. 그들은 다음 차례인 자신의 강연에 대해서 생각하고 사람들의 반응을 살피느라 너무 바쁘다. 사람들이 당신을 지켜보고 판단하고 있다는 두려움은 다음 연사가 느끼는 두려움과 같다. 그들은 자기 일에 너무 몰두한 나머지 당신이 뭘 하는지 신경 쓰지 않고, 심지어 알아차리지도 못한다.

우리는 하루 평균 1시간 50분을 조바심을 내며 보낸다. 일주일로 따지면 12시간 53분이다. 평균 수명인 64세까지 산다고 가정할 경우 조바심을 내느라 보낸 시간이 4년 11개월이나 된다. 이 모든 시간을 절대로 일어나지 않을 일을 걱정하고, 당신에게 관심도 없는 사람들에 대해 신경을 쓰며 보내는 것이다.

게다가 대부분의 사람들은 당신이 뭘 하는지 제대로 알지도 못한다. 처칠은 "짖는 개를 볼 때마다 가던 길을 멈추고 돌을 던지면 목적지에 도착하지 못한다"라고 말했다. 인생에서 시간이 더 늘어나면 좋겠는가? 다른 사람들이 당신에 대해 어떻게 생각할지 걱정하는 시간을 반으로 줄이면 2년 동안 가치 있는 생각을 할 수 있다!

당신에 대한 다른 사람들의 생각을 토대로 결정하거나 미루는 행동은 계속 좌절감을 느끼고, 다른 누군가의 비전에 갇혀 살고, 자기 자신의 행복을 부정하는 확실한 길이다. 또한 비논리적이기도 하다. 당신은 자신에게 무엇이 가장 이득인지를 알지만 다른 사람들은 모른다.

당신 삶은 당신이 사는 것이고, 당신이 내린 결정은 당신이 책임을 진다. 타인이 대신해줄 일이 아니다. 다른 사람들을 즐겁게 해주거나, 그들의 비판이나 판단을 회피하기 위해 어떤 결정을 내리는 일은 다른 누군가의 은행 계좌에 당신 돈을 저축하는 것과 마찬가지다.

사람들 비위 맞추기, 타인이 당신을 좋아하거나 사랑하게 만들고 싶은 강력한 욕구, 타인의 판단이나 조롱의 대상이 될지 모른다는 두려움은 부족에서 추방되지 않으려는 원초적 목적과 연결되어 있다. 하지만 지금은 더 이상 인류 문명의 시작 단계가 아니다. 원시적 두뇌에서 크게 달라지지 않은 부분이 있더라도, 당신의 의식적 사고와 의사결정 능력은 바뀔 수 있다.

어쨌든 사람들은 당신을 판단한다. 내 첫 차는 녹이 잔뜩 슬어 있는, 낡은 흰색 복스홀 아스트라였다. 나는 사람들이 나를 판단하지 못하도록 차를 개조하고 싶었다. 그래서 차에 대형 배기관을 달고 에어필터를 업그레이드했다. 내가 그 차를 맥도날드 주차장으로 몰고 갔을 때 사람들은 나에게 조롱을 퍼부었다. 31세에 백만장자가 됐을 때 나는 첫 페라리를 샀다. 이제는 사람들이 이 차를 탄 나를 분명 좋아할 거라고 생각했다. 내가 그 차를 몰고 피터버러 시내 중심가로 갔을 때도 여전히 나를 조롱하는 사람들이 있었다.

어쨌든 사람들이 당신을 판단한다면, 당신은 주변을 개의치 않고 원하는 차를 살 것이다. 사람들이 당신에 대해 어떻게 생각할 것인지에 대한 걱정과 추측에서 벗어난다면 의사결정 과정의 변수와 압박감이 같이 줄면서 궁극적으로 더 확실한 결정을 내릴 수 있다.

　당신의 참모습을 찾아라. 그래야 진짜 최고가 되고, 당신을 만나는 사람들이 당신의 매력에 더 많이 매료될 수 있다. 자신의 참모습을 받아들이고 스스로에게 진솔할 때, 당신을 좋아하는 사람들로부터도 진심 어린 관심을 받을 수 있다.

"

다른 사람들이 당신에 대해 어떻게 생각할지 걱정하는 건 시간과 에너지 낭비에 불과하다. 당신이 어떤 결정을 하건 사람들은 당신을 판단할 것이므로, 당신 자신과 당신이 관심 있는 사람들에게 최적의 결정을 내려라. 참모습을 찾으면 당신의 가식적인 모습이 아니라 진정한 모습을 좋아하는 사람들을 찾을 것이다.

최악은 아무것도
결정하지 않는 태도다

START NOW
G E T
PERFECT
L A T E R

모든 좋은 결정, 나쁜 결정, 무결정은 미지의 세계로 나아가는 발걸음이다. 많은 사람이 미리 모든 사실이나 변수를 속속들이 파악하기를 바라면서 결정을 미룬다. 하지만 그렇게 하긴 불가능하다. 미지의 세계를 두려워하는 사람도 있다. 하지만 우리가 결정하는 모든 것은 미지의 세계로 향하는 발걸음이다. 심지어 꾸물거림도 마찬가지다. 결정을 미뤘을 때 무슨 일이 생길지 알 수 없다. 결정을 미루는 게 종종 최악의 결정으로 드러나기도 한다.

이 말이 상식처럼 들릴 수도 있겠다. 하지만 미래에 대한 온갖 시나리오를 알 수 없기 때문에 당신은 (조급하다고 판단되며, 불완전하고, 준비가 잘 안 된) 결정을 내리는 게 나을 수 있다. 결정을 미루거나 아예 하지 않는 게 더 안전하다는 생각은 착각이다. 어떤 결정을 하든 상관없이 많은 미지의 결과가 생길 수 있기 때문이다.

나는 꾸물거림이 자리를 잡은 지점을 '빈 공간'이라고 부른다. 빈 공간은 좋은 결정과 나쁜 결정 사이의 중간 지점에 있는 블랙홀이다. 블랙홀은 무결정의 진공 상태에 있지만, 아이러니하게도 그것도 여전히 결정이다. 우리는 좋은 결정의 결과를 알 수 없고, 나쁜 결정의 결과도 알 수 없지만 '빈 공간'에 대해서 이미 알고 있는 편안한 곳이라는 착각에 빠진다. 이런 빈 공간 속에서 당신은 잠시 안도감을 느낀다. 그러다가 죄책감과 걱정이 밀려오면서 장시간, 천천히 고통을 경험한다.

좋은 결정이 큰 즐거움을 가지고 올 수 있는 상황에서도 우리는 혹시 심각한 고통을 겪게 될까 봐 결정을 내리길 두려워한다. 그래서 당신은 물 온도가 서서히 올라가는 것을 인지하지 못하다가 천천히 익어 죽는 냄비 속 개구리처럼 '빈 공간' 안에 머문다.

그렇다. 당신은 잘못된 결정을 내릴 수 있다. 우리 모두 잘못된 결정을 내린다. 하지만 결정을 내릴 때 당신은 최선을 다했다. 당신은 좋은 결과를 기대하며 결정했다. 잘못된 결정은 빠르게 시정할 수 있다. 잘못됐다고 생각되는 결정을 올바른 결정으로 바꿀 수 있기 때문에 잘못된 결정이 사실은 올바른 결정의 일부였다는 주장도 가능하다. 거대한 결정은 없고, 단지 일련의 작은 결정들만이 있었고, 그들 중 일부가 나중에 '잘못된' 결정으로 드러난다는 사실을 기억할 것이다. 모든 위대한 결정에는 잘못된 결정이 들어 있었다. 모두가 한데 묶여 있었다.

어떤 결정도 당신을 무의미한 '빈 공간' 안에 가둬놓지 않는다. 어떤 결정도 기다리기로 하는 결정과 같지 않다. 둘 사이의 차이점을 알아야 한다. 무결정이 발전 단계라고 착각해서는 안 된다. 사람들은 수십 년 동안 '빈 공간' 속에서 살다가 나중에 살아온 과거를 뒤돌아보면서 더 일찍 사업을 시작하거나, 누군가와 결혼(혹은 이혼)하거나, 아이들과 함께 더 많은 시간을 보내지 못해서 깊은 후회를 한다.

모든 무결정은 여전히 아무것도 하지 않겠다는 결정이다. 무결정은 당신을 '빈 공간' 속에 계속해서 가둬놓는다. 습관은 천천히 형성되지만, 그러다가 벗어나기 힘들어진다. '빈 공간' 속에 머무는 것처럼 결정도 습관이 된다. 근육을 키우듯 결정하는 방법을 연습하라. 지금 시작하고, 나중에 완벽해져라.

"

좋건 나쁘건, 하건 하지 않건 모든 결정의 결과
는 알 수 없다. 미지의 결과가 두려워 무결정이

란 '빈 공간' 속에 갇힌 채 인생을 허비해선 안 된다. 모든 결정의 결과는 어차피 알 수 없기 때문이다.

모든 좋은 결정에는 좋은 결정과 나쁜 결정이 포함되어 있다. 나쁜 결정이 당신에게 잠시 동안 심한 고통을 줄 수 있을지 모르겠지만 무결정의 '빈 공간'은 당신에게 평생 동안 천천히 점점 더 커지는 고통을 선사한다.

이렇게도 하고 싶고
저렇게도 하고 싶을 때

START NOW
G E T
PERFECT
L A T E R

'이렇게도 하고 싶은데 저렇게도 하고 싶은' 기분을 느껴봤는가? 지금 하는 게 아닌 다른 뭔가를 하길 원해봤는가? 아니면 어떤 일을 하는 방법을 알고 있지만 그냥 안 한 적이 있는가? 밥 잘 먹기, 운동하러 가기, 자기 사업을 하려고 다니던 직장 퇴사하기, 돈을 더 절약하기 등이 앞서 말한 갈등을 유발하는 일들이다. 우리는 그로 인해 재산을 불리거나 중요한 결정(혹은 어떤 결정이든)을 하지 못하기도 한다.

나는 이런 갈등이 생기는 이유가 균형을 잡으려는 자연적 욕구 때문이라고 생각한다. 우리는 우리 주변에 존재하는 양극화된 것들에 의해서 균형이 잡히는 자연적 질서를 경험한다. 모든 인간은 이런 양극화된 감정을 경험한다. 사랑과 미움, 두려움과 자신감, 나르시시즘과 이타주의, 통제와 혼란 등이 그런 예들이다.

시도 때도 없이 내려야 하는 결정마다 양극화된 감정을 (가끔은 동시에) 경험할 수도 있다. 좋건 나쁘건 모든 결정에는 대가와 결과가 따른다. 나쁜 때가 없이 좋은 때만 있을 수는 없고, 혜택을 누리지 못하고 손실만 입지는 않는다.

가끔은 '빈 공간'에 갇혀 꾸물거리기도 한다. 그러다가 좌절감이나 압박감을 느낀다. 심지어 마비된 것처럼 느껴질 수도 있다. 이럴 때 아무것도 하지 않거나, 이미 하고 있는 대로 계속하기가 가장 쉬운데, 그럴 경우 아무것도 변하지 않는다. 이렇게도 하고 싶고 저렇게도 하고 싶어 생기는 갈등은 당신의 자신감과 자존감을 해칠 수 있다.

당신은 새로운 사업을 시작하고 싶지만 사업은 위험하고 큰 비용이 든다. 어떤 관계 때문에 불행하지만 외톨이가 되고 싶지는 않다. 엄청난 부자가 되고 싶지만 탐욕스럽거나 영리만 추구하는 사람으로 보이고 싶지는 않다. 이처럼 이렇게도 하고 싶고 저렇게도 하고 싶은 느낌은 어떤 상황에서나 자연스럽고 보편적으로 느끼는 양극화된 가능성에 대한 느낌이다.

당신이 우유부단하기 때문에, 꾸물거림을 좋아하기 때문에, 결정 장애가 있기 때문에 그런 느낌을 받는 게 아니다. 이런 감정은 단지 당신이 모든 결정 때마다 예외 없이 존재하는, 결정의 모든 양극화된 부분을 경험하고 있기 때문에 발생한다.

나는 종종 멘티mentee들에게 "무슨 일을 해야 할지 알지만 못하고 있다"라는 말을 듣는다. 그들 역시 그들을 여러 '부분들'로 나누어 갈등하게 만드는 양극화된 감정을 느끼는 것이다. 이렇게도 하고 싶고 저렇게도 하고 싶은 감정은 결정을 더 힘들고, 시간이 많이 걸리고, 덜 분명하게 만든다. 이 감정은 결국 자존감에도 상처를 준다. 낭비한 시간이나 멈춰진 시간은 후회나 회한이나 타인과의 비교를 불러오기 때문이다. 이제 당신은 해야 할 긍정적인 일보다는 하지 않은 부정적인 일에 신경을 쓰며 고민한다.

나는 이렇게도 하고 싶고 저렇게도 하고 싶은 양극화된 느낌을 '피드백'으로 간주한다. 당신은 결정의 모든 극단적인 면을 보면서 긍정적 측면과 부정적 측면을 모두 저울질하고, 위험과 보상을 평가하고, 정보에 기초한 결정을 할 수 있는 선천적인 능력을 얻는다.

어떤 결정이 모두 좋거나 모두 나쁘다고 이분법적으로 생각하는 건 옳지 않다. 양면이나 모든 면을 동시에 봐도 극단적 사고를 할 수 있겠지만, 여러 측면을 고려해야 각 결정을 지혜롭게 평가하기 위한 보다 균형 잡히고 전체적인 정보도 같이 얻을 수 있다. 당신이 갈팡질팡한다고 해도 아무 잘못이 없다. 단지 역설적인 균형을 경험하고 있는 것뿐이다.

갈팡질팡할 시간을 약간 가져라. 그것은 당신이 중요한 결정을 하고 있고, 모든 면을 평가 중이라는 걸 알려주는 좋은 피드백이다. 이어 결정을 내리는 데 전력을 다하라. 여전히 앉아서 머뭇거린다면 벗어나라. 계속 앉아서 아무 결정도 하지 않으면 엉덩이만 아플 뿐이다.

"

이렇게도 하고 싶고 저렇게도 하고 싶어 갈등하는 건 자연적 현상이다. 이런 갈등이 혼란을 초래할 수 있지만 또한 그로 인해 모든 선택지를 볼 수 있게 됨으로써 분명한 판단을 할 수 있다. 갈팡질팡할 때는 모든 면을 살펴본 다음에 당신이 단순히 한 면만 보지 않는 지혜를 가졌다는 걸 알고 선제적인 결정을 내려라.

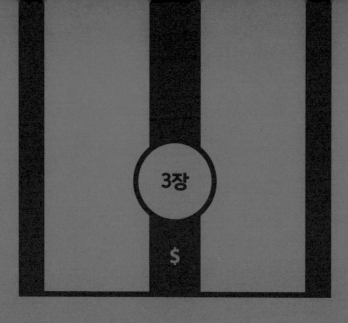

3장

$

세상에
나쁜 결정은 없다

무엇을 이루지 못할까?

어디를 가지 못할까?

무엇을 후회하게 될까?

누구를 사랑하지 못할까?

어떤 사람이 되지 못할까?

무엇을 남기지 못할까?

인생 내내 답을 찾지 못하고 그대로 남을 수도 있는 질문들이다. 결정을 빠르게 내리지 못하면 남은 평생을 이 질문들에 대한 답을 고민하며 살아야 할지도 모른다. 우리는 지금 이런 답하지 못한 질문과 후회가 뭔지 살펴볼 필요가 있다.

당신이 답하지 못한 질문에 대해 고민하며 살 필요 없게 해주기 위해서다. 결정하지 못함으로써 생기는 고통스러운 결과에 대해 생각해보고, '현재' 결정하고 있는 것에 대해 고민하면서 생각의 균형을 잡는 게 현명하다.

과거를 되돌아봤을 때 확실히 나쁜 (큰) 결정을 내린 것 같은 느낌을 받을 수도 있다. 지금 되돌아간다면 다시 그런 결정을 내리지 않을 것이다. 하지만 여기에 역설이 숨어 있다. 당신은 과거에 나쁘다고 생각되는 (큰) 결정을 내렸기 '때문에' 미래(지금)에 더 나은 결정을 내릴 수 있는 것이다. 그 나쁜 결정이 지금 당신이 더 나은 결정을 하게 도와줬다. 한 가지 분명한 나쁜 결정이 더 나은 결정으로 이어졌다. 그리고 그 결정이 더 위대한 결과를 낳는다.

돌아간다면
다시 내리고 싶지 않은 결정

START NOW
G E T
PERFECT
L A T E R

우리는 긍정적으로 생각하려고 하다가도 나쁜 결정을 떠올리며 진심으로 후회한다. 후회에 얽매여 있는 건 아무런 도움이 되지 않는다. 과거에서 벗어나지 못하면 현재와 미래의 삶도 영향을 받는다. 후회에서 벗어나서 전진하는 게 최선이다. 처음에는 자신을 속여야 할지도 모르지만 나쁜 결정으로만 보이는 나쁜 결정은 당신의 전진을 가로막을 뿐이다.

어떻게 생각하건 상관없이 나쁜 결정은 당신의 발전과 분별력에 필요한 좋은 결정이며, 또 반드시 그렇게 간주해야 한다. 나쁜 결정을 했다고 생각하면 그로 인해 자책감을 느끼고, 거기서 벗어나지 못한 채 과거에 얽매일지 모른다. 하지만 나쁜 결과는 한 가지 큰 나쁜 결정 때문이 아니라 일련의 작은 결정 때문에 생긴다. 반대로 작은 결정을 추가로 내려서 그런 상황에 빠졌을 때만큼 쉽게 벗어날 수 있다.

사람들은 한 번의 중대한 나쁜 결정 때문에 큰 빚을 지지 않는다. 장시간 긁은 신용카드 소액 결제가 쌓여야 큰 빚이 된다. 매일별 생각 없이 몇천 원짜리 커피와 조금 더 비싼 점심을 습관적으로 사먹다가 1년 동안 수백만 원이 넘는 돈을 쓰게 되는 것과 같다. 지하철 대신 택시를 몇 번 타거나, 일주일에 두세 번 술을 마시거나, 열심히 일하려고 마음먹었으면서 반복적으로 소셜 미디어나 이메일을 열어본다면 결국에 더 큰 낭패를 겪게 된다. 이런 큰 문제는 시간을 두고 천천히 슬금슬금 당신에게 다가온다.

당신은 가용 가능한 지식과 경험과 재원을 총동원해서 최선의 결정을 내린다. 일부러 나쁜 결정을 내리지 않는다. 따라서 자신에게 친절하게 굴고 자신이 최선을 다하고 있다는 사실을 받아들여야 한다. 더 나은 결정을 내리고 싶다면 더 나은 정보와 재원을 구해야 한다. 그리고 나쁜 결정으로부터 배우는 점이 있어야 한다.

어쨌든 대부분의 결정이 최종 결정은 아니다. 항상 또 다른 발전된 더 나은 결정을 내리거나 전에 내린 결정을 뒤집을 수 있다. 결정 때문에 죽고 산다는 생각은 버려라. 잘못된 결정을 하더라도 신속히 고칠 수 있다. 생각보다 빨리 나쁜 결정을 좋은 결정으로 만들 수 있다.

좋은 결정으로부터 나쁜 결정만큼 많이 배울 수 있는 것도 아니다. 좋은 결정만 반복적으로 떠올리는 것도 생각하는 것처럼 늘 효과가 있지는 않다. 나쁜 결정은 당신이 생각하는 것보다 좋다. 그것을 반면교사_{反面敎師}의 기회로 삼을 수 있어서다. 이런 균형을 찾을 수 있는 한 좋은 결정을 더 잘 내릴 수 있다.

"

나쁜 결정이란 건 없다. 단지 많은 작은 결정만 있을 뿐이다. 나쁘다고 생각하는 결정에서도 위대한 교훈을 배울 수 있으며, 이런 교훈은 좋은 결정을 더 잘 내릴 수 있게 해줄 것이다. 끔찍하게 잘못된 결정을 했더라도 그것에 집착했다간 상황만 더 악화된다. 처음에는 자신의 잘못을 정당화해야 하더라도 모든 결정을 좋은 결정으로 간주하면 실제로 그렇게 된다.

압도감을 두려워하지 말라

START NOW
G E T
PERFECT
L A T E R

"뭔가를 끝내고 싶다면 바쁜 사람에게 부탁하라."

벤저민 프랭클린 *Benjamin Franklin*

'압박감'이 꾸물거림, 놀라움, 현실 외면 등의 문제를 유발할 수 있지만, 지나칠 정도로 많은 일은 위대한 사람들에게 위대한 성과를 올릴 수 있는 동기를 불어넣어 주기도 한다. 당신도 그런 동기부여를 받을 수 있다.

스티브 잡스는 '현실왜곡장reality distortion field'이란 증세를 보인 걸로 유명하다. 그는 현실을 있는 그대로 보지 못하고 자기 생각대로 왜곡시켰다. 인터넷 백과사전 위키피디아는 잡스가 보인 현실왜곡장을 이렇게 정의한다.

> 현실왜곡장 능력 덕에 잡스는 자기 자신과 다른 사람들이 무엇이든 믿도록 납득시킬 수 있었다. 현실왜곡장이 어려움의 정도와 규모에 대한 감각을 왜곡시킴으로써 현재 당면한 과제가 해결 가능하다고 믿게 만들었다.

많은 사람이 압박감을 줄이고 싶어 하면서도 아이러니하게도 아무 행동도 하지 않는다. '선택의 역설' 때문이다. 하지만 할 일이 아주 충분하지 않을 경우 동기나 완수해야 할 일이나 맞춰야 할 마감 시간 등이 없기 때문에 사실상 아무 일도 하지 않게 된다.

이 책은 내 10번째 책이다. 예전에 책 쓰는 일에만 집중하며 하루의 대부분을 몰두해서 2~4주 정도에 책 한 권을 쓴 적이 있다. 하지만 그 2~4주 정도면 끝낼 일이 3~9개월 정도 걸리기도 한다. 구체적인 집필 계획을 짜놓지 않거나, 마감 시간을 정해놓지 않거나, 강력한 집필 욕구나 시급함을 느끼지 못할 때 이런 일이 생긴다. 그럴 때는 마감 시간을 정해놓고 억지로라도 행동해야 한다. 당신 역시 진지해지지 않으면 느슨해진다는 걸 알고 자기 자신에 대해 재고해봐야 한다.

이 책을 처음 쓰기 시작한 뒤 바로 3분의 1 정도를 끝냈다. 머리의 생각이 글로 잘 정리되기도 했고, 쓰는 일 자체도 상당히 쉬웠기 때문에 나는 늘어졌다. 이후로 작정하고 쓰지 않자 3개월이 그대로 흘러갔다. 출판사와 논의한 끝에 책 발간 날짜를 정하자 다시 집중해서 쓸 수 있었다.

하지만 탈고 후 실제 출간까지 장시간이 걸릴 수 있다는 사실을 알고 있었기 때문에 나는 '내가 내일 글을 쓰기 시작해도 여전히 시간적 여유가 있을 것이다'라고 생각하고 매일 다른 할 일을 찾아봤다. 그러다가 마침내 '더 이상은 안 된다'는 판단이 서자 내 페이스북 커뮤니티에 "책의 편집이나 내용 개선을 위해 이 책을 개인적으로 읽고 비판해준 사람 10명을 뽑아 여행과 숙박 경비를 지원해주겠다"고 약속했다. 나는 2주라는 도전적인 마감 시간을 스스로 정했다. 나에게 더 많은 지원이 필요하다는 것을 알고 있었기에 다른 약속도 준비했다.

이런 노력 덕에 책 출간 전에 꼼꼼한 검토를 받을 수 있었다. 하지만 이보다 출간에 결정적이었던 건 무슨 일이 있어도 어겨서는 안 됐던 엄격한 마감 시간이었다. 거액의 돈을 쓰면서 사람들을 실망시키고 싶지 않은 마음이 내가 집필에 집중할 수 있게 만든 강력한 원동력이었다. 나는 이 마음 덕분에 매일 1~2장밖에 못 쓰던 원고를 5장 이상 쓸 수 있었다.

이때 나는 일주일에 6일 강연 일정이 잡혀 있었고, 그와는 별도로 두 개의 강좌도 진행 중이었다. 최근 1년 동안 이처럼 많은 일을 벌여놓은 적이 없었다. 게다가 2주 안에 책을 끝내야 했다. 해야 할 일이 차고 넘쳤지만 나는 모든 강연과 강좌를 끝내면서 하루 5장 완성 목표를 달성했고, 친구와 즐겁게 골프를 치고, 배우자와 넷플릭스 영화를 몰아서 보기도 했다. 결국 나는 집필을 무사히 끝냈다.

나는 특별한 사람이 아니고, 슈퍼맨은 더더욱 아니다. 나 역시 다른 사람들만큼이나 당장 편하게 지내려고 일을 미뤘고, 힘든 일을 기피했다. 그러기 위해 스스로에게 거짓말도 많이 했다.

압박감을 지나치게 두려워할 필요는 없다. 자신과 동료, 부하 직원에게 아주 약간만 지나치다 싶을 정도로 많은 일을 주고, 자신과 주위 사람들이 그 일을 할 수 있다고 믿고, 집중할 수 있게 마감 시간을 정해놓은 뒤 몰두하면 된다.

물론 한꺼번에 935장의 접시를 돌렸다가는 '멘붕'이 올 것이다. '도저히 못 할' 수준이 아니라 '아주 약간만 지나치다 싶을 수준'의 압박감을 유지하려면 다음 시나리오들을 피하면 된다.

- ☐ 너무 많은 사람의 조언이나 의견을 수용하지 말라.
- ☐ 당신에게 생긴 모든 기회를 수락하지 말라.

- [ ]   한 번에 앱이나 브라우저를 많이 열어놓지 말라.
- [ ]   사회나 일상생활 속에서 자신에게 지나치게 많은 선택권을 주지 말라.
- [ ]   혼자서 무슨 일이든 해낼 수 있다는 비현실적 기대를 갖지 말라.
- [ ]   시작하기 전에 만반의 준비를 해야 한다고 여기지 말라.
- [ ]   몰입 중일 때는 휴식 때까지 방해를 허용하지 말라.

끝낸 일을 목록에서 제외하고, 부하직원들과 당신만의 현실왜곡장을 공유하며 활력과 에너지를 얻고, 거기서 오는 위대한 감정을 포용함으로써 압박감의 역설을 포용할 수 있다. 이를 통해 이전과 분명 같거나 심지어 더 적은 노력을 기울여도 훨씬 더 많은 일을 떠맡아 이룰 수 있는 '결정 근육'을 키울 수 있다.

바쁜 생활에서 중요한 건 휴식 시간이라는 사실도 잊어서는 안 된다. 15분 휴식이든 4주 휴식이든, 반드시 적당한 휴식을 취해야 한다. 강도 높게 일한 다음에는 높은 생산성을 유지하기 위해서, 녹초가 되지 않기 위해서 반드시 회복 시간을 가져야 한다.

"

스티브 잡스는 그와 그의 주변 사람들이 생산
성을 높이고, 과거 불가능하다고 여겼던 일을
성취하게 해준 현실왜곡장을 겪은 것으로 유
명했다. 자신과 주변 사람들에게 '충분히 많은
일'이 아니라 '아주 약간만 더 많은 일'을 줌으
로써 압박감의 역설을 포용하라. 그런 다음, 마
감 시간을 정하고, 도전적인 목표를 달성해야
할 강력한 명분을 마련하라.

네 가지
결정 시나리오

START NOW
G E T
PERFECT
L A T E R
• •

미국의 심리학자인 베리 슈워츠Barry Schwarz 교수는 저서 『선택의 심리학Paradox of Choice: Why More Is Less』에서 선택할 대상이 지나치게 많으면 선택 주체인 소비자는 종종 혼란에 빠지고, 결정 만족감도 떨어진다는 사실을 보여줬다. 슈워츠 교수는 지나치게 많은 선택에 접했을 때 사람들은 오히려 제품 구매를 주저하게 된다는 걸 보여주는 다수의 연구 논문을 인용했다.

슈워츠 교수가 이끄는 연구팀은 고급식료품 매장 두 곳에서 잼 시식 코너를 준비했다. 한 매장에는 6종류의 잼을 준비하고, 다른 매장에는 24종의 잼을 준비했다. 잼을 산 소비자들은 공통적으로 1달러 할인 쿠폰을 받았다. 6종의 잼 시식 기회를 가진 사람들 중

30퍼센트가 잼을 구입했다. 하지만 24종의 잼 시식 기회를 가진 사람들 중에선 불과 3퍼센트만 잼을 구입했다.

이 책에서는 401k로 불리는 미국의 퇴직연금제도를 인용하기도 했다. 퇴직연금 가입 직원들에게 추천해준 펀드 수가 많을수록 실제로 펀드 투자를 한 사람의 수는 더 적었다.

선택의 가짓수가 늘어나다가 한도에 도달할 때 사람들은 더 많은 부담과 혼란을 느끼고, 심지어 불만까지 느끼는 경향을 보인다. 선택의 가짓수가 너무 많을 때 실용적 사고는 방해를 받는다. 지나치게 많은 선택은 머리를 복잡하게 만들고, 머릿속에 '잡음'을 일으켜서 비합리적 선택을 야기한다.

해야 할 일이 많을 때, 아주 어려운 한 가지 일을 해내야 할 때, 사람은 압박감을 느끼면서 싸움(저항)이나 도피(무시)로 대응하게 되는데, 이때 사람들은 두려움이나 걱정을 느낄 수도 있다. 우리가 누군가에게 쫓길 때는 그런 감정이 유용하겠지만, 까다로운 전화를 걸거나 보고서를 한 장 써야 할 때는 그렇지 않다.

생활의 휴식과 밸런스를 다룬 다음에 바로 결정 시나리오를 다루는 게 아이러니하고 역설적이다. 하지만 우리 모두가 뭔가를 할 동기 부족과 아무것도 할 수 없을 만큼 지나친 압박감 사이의 균형을 맞추기 위해서 노력하고 있다.

중요하건 중요해 보이지 않건 간에 인생의 많은 영역에서 더 쉽게 결정하고 행동하기 위해선 선택의 가짓수를 줄여야 한다. 스티브 잡스가 항상 검은색 터틀넥과 청바지를 입고 운동화를 신고 다닌 목적은 그의 이미지를 강조하기 위해서뿐만 아니라 결정의 피로감을 줄이기 위해서였다. 잡스 정도의 위치에 있는 사람이라면 하루에도 정말 많은 중요하면서도 큰 결정을 내려야 했을 것이다. 그런 사람은 절대 뭘 입을지 고민하다가 압박감을 느껴선 안 된다. 이런 고민이 사소해 보이지만, 우리가 매일 결정해야 할 건수를 감안해봤을 때 우리는 절대 매번 117가지 중에서 선택해서는 안 된다.

조너선 레바브Jonathan Levav 스탠퍼드대학 경영대학원 교수와 샤이 댄지거Shai Danziger 벤구리온대학 교수의 연구에는 세 죄수 이야기가 나온다. 세 죄수는 모두 최소 3분의 2의 형기를 끝마쳤지만, 가석방 위원회는 그중 한 명만 가석방을 허용했다. 오전 8시 50분, 오후 3시 10분, 4시 25분에 각각 가석방 여부 결정이 내려졌다.

그런데 가석방 위원회가 내린 결정에는 일정한 패턴이 있었다. 두 교수가 1년 동안 내려진 1,100건이 넘는 결정을 분석한 뒤 찾아낸 사실을 보면 시간이 가장 중요했다. 오전에 가석방 심사를 받은 죄수들 중 약 70퍼센트가 가석방됐다. 반면, 오후 늦게 심사를 받은 죄수들은 10퍼센트도 가석방되지 못했다. 따라서 오전 8시 50분에 가석방 위원회에 출석한 죄수가 가석방을 받는 데 유리했다. 오후에 가석방 확률이 떨어진 것은 가석방 심사 위원들이 더 피곤하고 지친 상태에서 결정을 했기 때문으로 드러났다. 결정 피로에 관한 더 자세한 이야기는 뒤에서 다룰 것이다.

아름답고 사랑스럽고 똑똑하고 멋진 배우자와 나는 일주일에 두어 번 저녁 외식을 하러 나가서 다음 날 낮에 돌아오곤 했다. 아이들이 태어나기 전, 우리가 '사람다운 삶'을 살던 때였다. 외식하러 갈 때마다 우리는 30분 이상 어떤 식당으로 갈지 논의했다. 피터버러에는 괜찮은 식당이 6곳밖에 없었지만 결정에는 오랜 시간이 걸렸다. 그리고 결국 늘 단골 식당인 짐스 비스트로Jim's Bistro 로 갔다.

나는 가끔 침대에 누워서 넷플릭스에서 다음에 볼 다큐멘터리를 찾아본다. 어떤 경우는 1시간 동안 영화나 방송 예고편만을 찾아보다가 볼 프로그램을 정하지 못하기도 한다. 억지로라도 결정을 하기 위해 내가 좋아하는 장르에서 찾아보면, 마음에 드는 프로그램이 1만 4,000개나 돼서 머리에 쥐가 난다. 그러다가 그대로 잠이 든다. 이런 일이 늘 반복된다! 나처럼 되지 말자.

기술과 소셜 미디어로 인해 느끼는 압박감이 우리의 시간을 빼앗고, 당신을 우유부단하고 아무것도 하지 못하는 공허한 상태로 몰아넣을 수 있다. 우리는 일상적인 일들을 단순화시킬 필요가 있다. 그래야 중요한 영역에서 복잡한 결정을 더 자유롭게 내릴 수 있다.

1단계는 결정의 해부다. 결정의 편의성과 단순성을 깨닫는 것이다. 결정을 해부해보면 다음과 같다.

1. 선택 A
2. 선택 B
3. 선택 A + B
4. A나 B를 모두 선택하지 않음

모든 복잡함을 줄여야 한다. 이 네 가지 가능한 결정 시나리오에만 집중해보자. 먼저 약간의 시간을 투자해서 중요하지 않은 모든 결정은 아웃소싱하거나 체계적으로 정리해야 한다. 그다음에는 결정 피로감을 없앨 시간을 잠시 가지면 좋다. 나는 '파괴적 기업가' 페이스북 커뮤니티에 사람들이 인생의 어떤 영역에서 결정 피로감을 줄일 수 있는 일들을 하지 못하는지 설문조사를 한 적이 있다. 일상적으로 반복되는 일의 압박감과 시간 낭비를 최대한 줄이기 위해 다음과 같이 해보기를 권장한다.

1. 내비게이션에 자주 가는 목적지 경로를 저장해둬라.
2. 비슷한 옷을 입어라(밤에 다음 날 입을 옷을 미리 꺼내놓으면

좋다. 아니면 내 비즈니스 파트너인 마크 호머가 엄청나게 자랑하듯 배우자에게 입을 옷을 골라 달라고 부탁할 수도 있다).

3. 몇 달 동안 쓸 일상적인 소모품은 대량으로 구매하라.

4. 온라인 쇼핑 사이트에서 자주 사는 물건을 저장해둬라.

5. 잃어버리기 쉬운 열쇠나 이어폰은 매번 같은 장소에 놓아라.

6. 이용해야 할 모든 개인 정보에 안전한 비밀번호 앱을 설치해둬라.

7. 일주일분 식단을 미리 정해둬라(혹은 배달앱에서 메뉴를 저장해둬라).

8. 이메일, 전화, 청소, 회의 등을 번갈아 하면서 시간을 낭비하지 말고 한꺼번에 하라.

9. 모든 잡동사니를 눈에서 안 보이게 치우고, 모든 재고와 파일은 쉽게 찾아볼 수 있게 정리해둬라.

10. 일과를 메모로 정리해가며 지내라.

11. 휴대전화와 PC 등은 같은 브랜드 제품을 써라. 그래야 새로운 시스템과 소프트웨어 사용법을 다시 배울 필요가 없어진다.

12. 매일 이른 시간 혹은 여유 시간에 중요한 결정을 내리고 행동하라.

13. 몇 가지 중요한 '명분'에 매진하라.

14. 선별적으로 현명하게 싸울 거리를 골라라.

15. 단 한 번의 쇼핑으로 1년 동안 줄 모든 선물을 사둬라.

16. 다른 사람들이 당신에 대해 걱정하게 하라.

17. 복잡한 일은 일관성과 효율성을 제고하기 위해 견본과 점검표를 활용하라.

18. 운동과 식사, 보육 등의 일은 시간을 정해 규칙적으로 하라.

19. 포기하거나 변명을 대지 않도록 코치, 트레이너, 멘토를 구하라.

20. 여행과 쇼핑하기 전 리뷰를 참고하라.

21. 모든 기기와 이메일, 폴더, 커뮤니케이션 앱, 송장送狀, 영수증, 문서 이용 방법을 통일하라.

22. 메모에 중요한 날짜와 약속을 미리 적어놓고 재차 확인하라.

"

지나치게 많은 선택이 압박감과 결정 피로를
일으킬 수 있다는 면에서 선택은 역설적 성격

을 띤다. 중요한 결정을 내릴 시간과 에너지를 가질 수 있게 생활의 일상적인 영역들을 단순화시켜라. 시스템을 마련하거나, 위 목록에 적힌 일들 중 가치는 낮지만 시간이 많이 드는 일은 외주를 주는 방법을 모색해보라.

중요성을 줄이고
영속성을 제거하라

START NOW
G E T
PERFECT
L A T E R .

큰 결정을 올바르게, 완벽하게 내리기 위해 애쓸수록 그런 결정을 내리기 더 힘들어진다. 우리는 절대 완벽한 결정을 내릴 수 없다.

노르웨이의 스포츠 심리학 전문가인 가이르 요르데Geir Jordet는 논문 「영국 축구선수들이 승부차기에서 지는 이유는 무엇인가? 팀 상태, 자기 규제, 압박 시 숨 막힘에 대한 연구Why do English players fail in soccer penalty shootouts? A study of team status, self-regulation, and choking under pressure」에서 이렇게 썼다.

영국 축구팀이 겪는 가장 큰 문제는 주변 환경으로부터

받는 압박감이다. 선수들이 다른 나라 선수들보다 훨씬 더 큰 부담에 노출되어 있기 때문이다. 영국 문화는 높은 기대치에 집중하는 걸 특징으로 한다. 영국 언론은 국가 대표팀이 출전하는 모든 대회마다 선수들의 어깨에 비현실적인 기대감을 올려놓았다. 영국 선수들이 반드시 죄고의 기술을 가지고 있는 것도 아닌 이상 그런 높은 기대감은 더 비현실적이 된다.

– (《스포츠 사이언스 저널 Journal of Sports Sciences》, 2009년)

영국의 축구 전문 기자 벤 리틀턴Ben Lyttleton은 저서 『12야드: 완벽한 페널티킥 기술과 심리 Twelve Yards: The Art and Psychology of the Perfect Penalty』에서 "영국은 지난 두 차례의 승부차기에서 졌기 때문에 다음 토너먼트에서 열리는 승부차기에서도 질 가능성이 높다"라고 썼다.

영국의 축구선수가 받는 압박은 어느 정도일까? 축구 종주국인 영국의 축구선수들이 받는 압박은 상상할 수 없을 정도로 크다. 역설적이게도 이런 부담은 선수들의 플레이를 위축시킨다. '지금 시작하고 나중에 완벽해지기 위한' 좋은 위치에 서 있기 위해선 180도 정반대로 해야 한다. 스포츠 심리학자이자 『골프, 완벽한 게임은 없다Golf Is Not a Game of Perfect』를 쓴 밥 로텔라Bob Rotella는 "연습하듯 경쟁하기 위해선 경쟁하듯 연습하라"라고 말했다.

마틴 터너Martin Turner 스태퍼드셔대학 스포츠와 운동 심리학과 교수에 따르면 실제건 상상이건 간에 압박을 해결할 수 있는 능력이 있어야 대응이 가능하다. 고도의 압박 상황에 처했을 때는 일에 집중할 수 있는 능력이 중요하다. 어떻게 할지 걱정하느라 너무 바쁘다면 꼭 필요한 지력知力을 낭비하는 게 된다.

우리 대부분이 스트레스가 심한 상황에 대처하기 위해 쓰는 방법 중 하나는 자기 자신에게 "망치지 말자"거나 "실패하지 말자"라고 되새기는 것이다. 하지만 그래봤자 실패 확률만 높아진다. 자기 자신에게 어떤 일을 하지 말라고 말해봤자 실제로는 (그리고 아이러니하게도) 그 일을 하게 될 확률이 올라간다는 걸 보여주는 연구 결과들이 산더미처럼 많다.

스트레스에 대한 1차 반응은 그 상황에 대한 우리의 신속한 초기 평가에 따라 무의식적이고 자동적으로 일어난다. 어떤 사람들은 그들의 성과에 도움을 주는 방향으로 '도전적 상황'에 대응이 가능하다. 심장 박동이 빨라지는 등 '도전적 상황'과 비슷한 결과를 낳는 '위협' 상황에 빠지는 사람도 있다. 하지만 이때 혈관이 수축되는데, 이는 심장에서 빠져나온 피가 대체로 그대로 유지된다는 뜻이다. 결과적으로, 최고의 성과를 내려면 뇌에 포도당과 산소가 충분히 공급돼야 하는데 그렇지 못하게 된다. 흥분으로 인해 우리의 집중 능력과 결정 능력이 떨어진다.

'위협 상황'을 '도전 상황'으로 전환하는 것이야말로 중대한 일이나 힘든 상황을 해결하기 위해 걸어야 할 위대한 길이자, 무의식적이고 자연스럽고 신경 반응을 통제할 수 있는 길이다.

다음은 중요한 과제와 결정을 처리하는 데 필요한 몇 가지 방법이다.

1. 영원한 결정이란 없다

◇◇◇

100년 뒤에, 아니면 아마도 일주일 뒤에 당신이 지금 직면한 힘든 결정이 무의미해질 수 있다. 그건 중요하지 않다. 당신이 어떤 결정을 내린 순간 그것을 바꿀 수 있기 때문에 어떤 결정도 영원하지는 않다.

분석적인 성향이 강한 당신의 일부가 "롭, 살인은 영원하다. 다리 절단도 영원하다"라고 주장할지 모른다. 그런 경우는 당신 주장이 맞는다! 그런 짓을 저지른 다음에 나한테 와서 그런 짓을 하게 된 결정을 비영구적으로 만드는 법을 알려달라고 하지는 말았으면 한다.

그건 당신이 내린 결정에 따른 결과고, 되돌리는 게 불가능하다. 나는 사실상 모든 결정이 비영구적이라고 주장하지만, 몇 가지 결정의 영향은 영원할 수 있음을 당신도 알 것이다.

결정을 내렸을 때 영원한 결정처럼 느껴질 수는 있다. 당신은 언제라도 결정을 바꿀 수 있고, 어떤 결정도 최종적인 것이 아니며, 최종적이어야 할 필요도 없다.

2. 중요성을 낮춰라

◇◇◇

승부차기는 승부차기일 뿐이다. 죽고 사는 문제가 아니다. 현재 해야 할 일을 있는 그대로 봐라. 일의 자초지종을 따지지 말라. 순간에 몰두해야 한다. 행동이나 결정을 아주 작은 한 가지 일로 따로 떼어놓으면 그 일에 더 잘 집중하게 되고, 그 일에 대한 집중을 방해하는 모든 요소들을 차단할 수 있다.

3. 결정의 맥락을 고려하라

◇◇◇

대통령은 자신의 결정에 따라서 죽거나 사는 사람들을 상대해야 할 수도 있다. 어떤 경우 대통령은 누구를 살리고 누구를 죽일지 직접 결정해야만 한다. 당신이 내리는 결정은 절대 그런 심각한 결과를 초래하는 법이 없다. 이 사실을 기억해두면 결정을 내리는 데 도움이 될 것이다.

4. 기대의 균형을 잡아라

◇◇◇

기대가 비현실적일수록 그것에 맞춰서 살기가 더 힘들다. 당신의 현재 위치와 기대 위치 사이의 차이가 클수록 더 크게 좌절할 수 있다. 큰 목표를 세운 다음에 일단 그걸 두고 작은 일들에 집중하라. 작은 승리를 거둘 때마다 자주 자신에게 보상하고, 자신을 칭찬해야 한다. 작은 승리는 큰 승리로 이어진다.

5. 당신 자신이 아니라
당신의 일에 진지해져라

◇◇◇

당신 자신과 삶에 대한 태도가 아니라 당신의 일에 진지해져라. 재미있고 즐겁게 살아라. 긴장을 약간 풀고, 매 순간을 즐기고, 당신의 행복을 오지 않을 미래로 미루지 말라.

6. 하면서 이해하라

◇◇◇

당신의 지략과 창의성과 역동성은 무한하다. 지금 시작하고 나중에 완벽해짐으로써 이런 능력을 100퍼센트 발휘하라. 누구도 처음부터 모든 답을 가지고 있지는 않다. 시작하기 너무 늦은 때는 없지만, 기다리면 항상 너무 늦는다.

"

어떤 결정이 더 중요하거나 심지어 영원하다고 믿을수록 스스로 불필요한 부담만 느낀다. 이런 부담은 누적되고, 승부차기에 나선 영국 축구선수들처럼 압박과 스트레스와 실패를 통해 드러난다. 머지않아 모든 결정은 덜 중요해지거나 아니면 전혀 중요해지지 않을 것이므로 위에 설명한 여섯 가지 쉬운 전략을 통해 결정이 중요하고 영원하다는 생각에서 벗어나야 한다.

이루기 전까지 한 척하지 말라

START NOW
G E T
PERFECT
L A T E R

"원하는 것을 얻을 때까지 속여라"라는 유명한 말이 있다. 내가 싫어하는 말이다.

나는 당신이 어떤 것도 '속여야' 한다고 생각하지 않는다. 당신은 뭔가가 될 수 있기 전에 무엇이 될 수 있는지부터 생각해봐야 한다. 뭔가를 하기 전에 그걸 갖거나 이기거나 끝내는 모습을 상상해봐야 한다. 그런데 속이다니?

그럴 필요가 없다. 성실한 사람이라면 속이는 게 꺼림칙할 것이다. 그런 과정이 반복되면 스스로를 사기꾼이라고 느끼거나, 자신의 참모습을 잃어버린 것처럼 느낄 수 있다.

하지만 결국 이루고자 하는 것에 대해 미리 생각해보지 않는다면 그걸 이루기 전에 당신은 망할 것이다.

내 생각은 이렇다. 나는 자기 본연의 모습을 유지하면서도 더 나은 기술과 결과를 얻는 더 나은 사람이 되고 싶은 꿈을 이루기 위한 이상적 균형은 "원하는 것을 얻을 때까지 속여라"를 "원하는 것을 볼 때까지 속이지 말라"로 바꿔야 가장 잘 이룰 수 있다고 생각한다.

모든 뛰어난 운동선수, 배우, 대성공을 거둔 사람들은 항상 이렇게 한다. 그들은 전략적으로 얻고자 하는 결과를 시각화하거나 다년간 그것을 무의식적으로 꿈꿔왔다. 이것은 원하는 결과로 이끄는 '자력磁力'을 일으킨다. 머리는 당신이 생각하는 것을 이룰 수 있는 무한한 힘을 가지고 있다. 따라서 신중하고 전략적으로 생각하라.

아인슈타인은 "지식보다 상상력이 중요하다"라고 말했다. 원하지 않는 것이 아니라 원하는 것을 시각화하고, 그것에 대해 생각하고, 그것을 갈구하는 식으로 '원하는 것을 볼 때까지 속이지 말라'는 사고방식에 빠져라. 당신은 보는 것만 머릿속으로 그릴 수 있다.

헤어진 사람 때문에 다른 사람을 사귀어본 적은 없는가? 마음에 들지 않았던 과거의 사람 때문에 그와 완전히 딴판인 사람과 사귀어 본 적은 없는가? 덜 바쁘게 살기를 원했지만 결국 삶이 지루하고 인정받지 못하는 것 같은 느낌을 받은 적은 없는지 묻고 싶다. 반대로, 계속해서 더 욕심을 부리다가 결국 완전히 주체하지 못할 정도가 된 적은 없는지 궁금하다.

이 마지막 두 가지 경우가 내가 반복적으로 빠지는 함정이다. 내 삶은 바빴다가 지루해지기를 반복한다. 너무 바쁠 때는 그런 삶에서 완전히 벗어나길 원하지만, 너무 지루할 때는 다시 바쁘게 살길 원하기 때문이다. 나는 항상 내가 요구하는 걸 정확하게 얻는다. 비결이 궁금하다면, 이 장에 답이 있다.

"

원하는 게 무엇인지를 확실히 정하라. 의식적이고 무의식적으로 그것을 시각화하라. 그런 다음에 당신이 항상 그것을 얻은 '것처럼' 행동하라. 그것이 되고, 그것을 하고, 그것을 가지고 있는 듯이.
가고 싶은 곳과 되고 싶은 사람을 향해 움직이는 사람이 되어, 원하는 것을 볼 때까지 속이지 말라. 연습하라. 스스로를 속이지 말아야 한다.

크게 생각하고
작게 시작하라

START NOW
G E T
PERFECT
L A T E R

어떤 (큰) 결정이라도 그것의 중요성을 낮추고, 그것에 영원히 집착하지 않기 위해선 간단한 첫 단계에서부터 시작해야 한다. 코끼리를 먹어야 한다면 어떻게 먹을 것인가? 한 번에 한 입씩 먹을 건가? 반드시 이루어야 할 큰일이 있다면 자신에게 동기부여가 될 만한 큰 목표를 세워야 하지만, 그 목표에 압도당해서는 안 된다.

큰 목표를 정한 뒤 내버려둬라. 처음에는 아주 작은 단계부터 시작하면 된다. 도토리가 자라서 참나무가 된다. 천 리 길도 한 걸음부터다. 알고도 하지 않는 건 모르는 것이다.

큰 결정은 마음으로 하되 작은 결정은 머리로 하라. 책 한 권을 쓰기는 힘들지만 첫 번째 문장을 쓰기는 쉽다. 몸무게를 5킬로그램 줄이기는 힘들지만 튀김 대신 샐러드를 먹기는 쉽다.

현재의 순간에 신경을 쓰고, 그 순간에 몰입한다면 미래는 알아서 잘 풀린다. 시간이 지나면서 목표를 향한 걸음에 가속도가 붙는다. 많은 사람이 내일 다이어트를 시작하겠다고 하지만 그 '내일'은 결코 오지 않는다. 그리고 어떤 경우 그들은 '내일' 다이어트를 시작하려고 토요일 저녁에 냉장고에 있던 음식을 몽땅 입에 쑤셔 넣는다. 하지만 그 '내일'은 결코 오지 않는다. 언제 시작할지 모른다. 그러므로 지금 시작하고, 나중에 완벽해져라.

'세상에서 가장 힘센 사람' 대회에서 열리는 트럭 끌기 경쟁을 보면, 세상에서 가장 크고 힘센 사람들조차 핏대를 세우면서 오랫동안 낑낑댄 후에야 겨우 트럭 위치를 조금씩 이동시킬 수 있을 뿐이다. 하지만 그들은 계속해서 트럭을 끈다. 마치 실패하려고 애쓰는 것 같다.

그래도 계속해서 끈다. 그렇게 조금씩 트럭을 끌다가 약간 가속도가 붙으면 트럭이 움직이는 속도가 빨라지고, 트럭에 가속도가 붙으면서 전복되는 유조선처럼 사실상 멈출 수 없게 된다.

당신이 크게 생각하고 작게 일을 시작할 때도 마찬가지다. 한 번에 많은 걸 이루기는 힘들지만, 조금씩 이루기는 쉽다.

"

큰일일수록 작게 시작하라. 그래야 지금 시작
할 수 있다. 할 일의 크기가 클수록 시작하기
더 힘들다. 그것을 잘게 나눈 뒤 조금씩 해보기
시작하라. 그러면 곧 마라톤을 완주하거나 코
끼리를 먹어치울 수 있다.

더 적은 시간 동안
더 많이 이룰 수 있는 방법

START NOW
G E T
PERFECT
LATER

1. 사소한 것에 목숨 걸지 말자

◇◇◇

대부분의 일들이 걱정하거나 필요 이상으로 관심을 쏟을 만한 가치가 없다. 비전과 목표에 더 가깝게 다가가지 못하게 만들거나 가치가 높지 않은 일은 뭐든지 그냥 버려야 한다. 사소한 것에 자꾸 목숨을 걸면 큰일을 할 수 없다.

2. 통제 가능한 것과 불가능한 것을 파악하기

◇◇◇

모든 걸 통제하기는 불가능하다. 타인을 통제할 수도 없다. 자신의 결정과 행동을 통제하고, 타인이 행동하게 격려하는 건 가능하지만 거기서부터 통제를 멈춰야 한다.

믿음과 달리 통제에는 분명한 역설적 성격이 있다. 어느 정도 장단기 목표를 통제하고 직원 편을 들 수 있지만, 그들의 목표 도달 방법을 정확히 통제할 수는 없다.

성과의 목표를 정할 때, 그것에 도달하기 위한 과정은 간섭하지 말고 사람들(직원, 아이, 동료 등)이 알아서 자기 나름대로 도달 방식을 찾게 하라. 이렇게 하면 그들이 더 큰 권한을 가지고, 스스로 더 많은 책임을 진다.

3. 싸울 상대를 현명하게 골라라

◇◇◇

당신에게 필요한 싸움을 하라. 뛰어들 수 있는 싸움은 너무 많다. 그런 싸움의 반복은 당신의 에너지만 소진시킬 뿐이다. 모두와 싸우는 당신의 모습을 본다면 사람들은 당신 말을 무시할 것이다. 당신이 진심으로 믿고, 옹호하고, 타인들이 믿게 만들고 싶은 것들은 소수에 불과하다. 당신의 시간 대부분을 그들에게 투자하고, 나머지는 내버려둬라. 생각을 움직여라.

4. 도움이 되고 해가 되는 것을 구분하라

◇◇◇

시간을 투자할 가치가 있다는 착각에 빠지게 만드는 것들이 많다. 그것들은 당신의 에너지를 소진하거나, 낭비시키거나, 당신을 혼란에 빠뜨린다. 당신의 시간과 에너지는 약화되거나 소진된다. 어떤 결정이나 행동에 시간을 투자할 가치가 있는지 없는지를 판단하라. 각 결정이나 일이 당신에게 가치, 발전, 성과, 행복, 성취감을 주는지를 확인해야 한다.

5. 핵심 결과 영역과 소득 창출 업무에 투자하라

◇◇◇

내 전작인 『머니』나 『레버리지』를 읽어봤다면 당신은 핵심 결과 영역 Key Result Areas과 소득 창출 업무 Income Generating Tasks (이하 IGT)가 무엇인지 알 것이다. 시간은 성과를 낼 수 있는 곳에 투자해야지 낭비나 탕진돼서는 안 된다.

6. 믿기로 했다면 믿어라

◇◇◇

사람들에게 믿음과 신뢰를 줬다면 그들을 존중해주고, 그들에게 권한을 부여해줌으로써 그들이 이런 것들을 느낄 수 있게 해야한다. 그들 곁에서 그들을 지원하고 인도하라. 다만 그들이 자신만의 스타일을 고수할 수 있고, 영감을 받는 의미 있는 일을 할 수 있게 해줌으로써 당신이 그들을 신뢰한다는 걸 보여줘라. 이런 행동은 당신과 그들의 관계를 더욱 발전시킨다.

7. 미세경영은 하지 말라

◇◇◇

누구도 지시와 간섭과 비판의 대상이 되길 원하지 않는다. 사람들을 훈련시킬 때 그들을 가르치는 과정이 필요하다. 하지만 어느 단계가 지나서는 그들이 직접 해보고 터득할 수 있게 하라. 최선의 가르침은 그들이 배운 걸 직접 시험하게 하는 것이다. 일을 맡긴 뒤 끊임없이 간섭하면 그들의 사기만 꺾인다.

당신이 감시하고 있을 때 그들이 실수를 할까? 그럴 수 있다. 과거에 당신도 실수한 적이 있는가? 분명 그렇다. 타인의 도움과 힘이 없이는 성장이 불가능하다. 당신은 그들이 동기와 영감을 얻게 되길 바라며, 그들은 직접 올린 성과를 통해 당신의 바람에 보답할 것이다. 그들의 시작을 믿었다면 그들이 끝내게 하라.

8. 통제하기 위해 통제권을 줘라

◇◇◇

통제를 위한 최선의 방법은 똑똑한 사람들에게 책임을 부여하고, 그들을 잘 대해주는 것이다. 뭔가를 더 많이 원할수록 당신은 더 휘둘린다. 통제와 신뢰 사이의 역설을 관리하라. 다른 사람이 칭찬을 받게 하라. 그들이 성장할 수 있게 하면 그들은 번창하고 당신은 승리할 것이다.

"

성장하기 위해선 마음을 내려놓아야 한다. 상황과 사람을 더 많이 통제하려고 할수록 그들을 더 멀리 밀어낼 뿐이다. 긴장은 갈등을 유발하고, 갈등은 일의 속도를 늦춘다. 통제와 신념사이의 역설을 관리하고, 목표를 세운 뒤 믿기로 작정한 사람을 믿고, 그들이 계속 알아서 하게 하라. 그들을 곁에서 돕되 방해하진 말아라. 현명하게 싸움을 골라라.

똑똑한 결정을 하는
결정 근육을 키워라

START NOW
G E T
PERFECT
LATER

빠르지만 심사숙고해서 똑똑한 결정을 할 수 있는 능력은 훈련해서 키울 수 있는 근육과 같다. 근육은 거기 존재한다. 연습이 중요하다. 누구도 항상 좋거나 나쁜 결정을 내릴 수는 없다.

우리는 모두 우리가 연습했고, 경험을 쌓아온 분야에서 좋은 결정을 내리는 데 능숙하다. 당신은 과거의 좋고 나쁜 결정을 내렸던 경험을 잊지 못한다. 참고하기 위해서다. 과거에 겪었던 모든 경험을 통해 상황에 대한 직관과 육감을 쌓아간다.

당신은 신뢰와 경험의 영역에서 이미 그렇다는 걸 보여줬다. 당신의 인생에서 있었던 위대한 모든 일은 당신의 위대한 결정을 통해서 이뤘다. 그러므로 이제 당신이 그런 결정을 내릴 수 있다는 걸 아는 이상 그런 자신감을 다른 영역으로 전파하고, 당신의 직관을 꾸물대거나 압박감을 느끼는 영역으로 옮겨서 발휘할 수 있다.

다음은 결정 근육을 키우도록 돕는 일곱 가지 행동이다.

1. 천천히 의사결정 과정을 밟아라

◇◇◇

고대 무술인은 땅에 구멍을 파서 뛰어 들어갔다 나오면서 다리 근육과 점프 능력을 키웠다. 그들은 아주 천천히 구멍을 조금씩 더 깊이 파내려갔다.

그 속도가 너무 더디다 보니 그들의 근육은 변화를 눈치채지 못했다. 이어 그들은 여벌의 티셔츠를 한 벌 더 겹쳐 입었다. 티셔츠 무게는 너무 가벼워서 근육이 눈치채지 못했다. 그들은 피로감을 느끼지 않고 계속해서 근력을 키워나갔다.

당신의 의사결정 근육도 이런 식으로 키울 수 있다. 더 큰 결정을 향해 작은 발걸음을 내딛어라. 그러면 조만간 눈치채지 못한 채 더 큰 결정을 신속히 내리고 있을 것이다.

2. 조언과 지원을 요청하라

◇◇◇

가끔은 혼자서 문제를 해결하기 불가능할 때가 있다. 특히 당신의 사고 과정과 의사결정 때문에 문제가 생겼을 때 그렇다. 어려운 순간에 지원, 지침, 멘토십을 구하는 건 당신의 장점이지 단점이 아니다.

새로운 도전이나 중대한 결정에 앞서 당신보다 더 경험이 많은 사람을 찾아야 한다. 그 분야에서 오랫동안 활동해와서 순식간에 결정을 내릴 수 있는 사람을 찾아라. 그리고 조언을 구하라. 부담 없이 그 결정이 옳다고 믿어라. 이 방법은 종종 위대한 결정을 내릴 수 있는 가장 빠르고도 쉬운 길이다.

3. 필요한 모든 조사를 끝낼 시간을 정하라

◇◇◇

시작 전에 완벽해지는 데 필요한 모든 지식으로 무장할 수는 없다. 하지만 사전에 조사의 70퍼센트에서 80퍼센트를 하고, 검토를 끝낼 수 있다. 결정에 100퍼센트 전념하고, 최대한 많은 정보를 얻는 데 필요한 배후 작업을 끝낼 시간을 직접 정하라. 이어 시간에 맞춰 결정하라. 이렇게 하면 경험이 쌓인다. 다음번에는 더 빠르고 강하게 결정 근육을 훈련시킬 수 있다.

4. 경험의 은행을 채워라.
사실을 기초로 결정을 검토하라

◇◇◇

나중에 결정을 되짚어보면서 효과가 있었고, 더 좋은 효과를 낼 수 있었던 결정이 무엇이었는지를 검토해보는 시간을 가져라. 이런 식으로 경험의 은행을 채워라. 같은 실수를 되풀이하고, 뻔히 보이는 교훈을 계속해서 놓치는 사람이 너무 많다. 나중에 결정을 검토할 때 당신은 감정적으로 다른 상태에 있다. 이 때문에 더 분명하면서도 균형 있는 방식으로 결정을 검토할 수 있을지 모른다.

5. 모두로부터 배워라.
더 많이 배우고 덜 이야기하라

◇◇◇

나폴레온 힐은 『간절히 생각하라 그러면 부를 얻을 것이다』에서 다음과 같이 말했다. 여기서 배울 점이 분명히 있다.

"신속하게 결정하는 습관을 만들고 싶다면 눈과 귀는 크게 열고, 입은 다물고 있어라. 지나치게 말이 많은 사람은 다른 일은 거의 못 한다. 듣기보다 말한다면 유용한 지식을 축적할 수 있는 많은 기회를 스스로 포기하게 된다. 그뿐만 아니라 질투심 때문에 당신을 속이는 데 큰 즐거움을 느끼는 사람들에게 당신의 계획과 목적을 누설하게 된다. 행동이 말보다 훨씬 더 중요하다. 세상 사람들에게 행동 의도를 말하되, 먼저 그것을 보여줘라."

6. 결정 과정에서 생긴 잘못을 포용하라

◇◇◇

잘못이 당신을 가장 큰 성공으로 이끌지도 모른다. 코카콜라는 본래 의약품으로 기획된 제품이었다. 포스트잇 노트는 실패한 접착제였고, 페니실린을 만든 곰팡이는 더러운 페트리 접시(세균 배양 따위에 쓰이는, 둥글넓적한 작은 접시)에서 우연히 배양됐다. 튜닝이 안 된 기타로 거의 모든 헤비메탈 연주가 가능하다!

모든 결정을 테스트로 간주하면 참신하면서도 놀라운 결과를 발견할 것이다.

7. 계속해서 결정하라 (결정은 결코 끝나지 않는다)

◇◇◇

좋거나 나쁜 결정을 했다고 해서 결정이 끝난 것은 아니다. 모든 결정에는 결정 즉시 또 다른 결정을 덧붙여야 한다. 결정은 끝나지 않고 계속된다. 이렇게 하면 겸손함과 오만함 사이에서 균형을 유지할 수 있다. 좋은 결정을 내렸으니 이제 결정이 끝났다고 생각해선 안 된다. 또한 나쁜 결정을 내렸으니 결정이 끝났다고 생각해서도 안 된다.

좋은 결정을 내리고, 잘못된 결정을 수정하고, 모든 결정으로부터 배우는 능력이 개선될수록 당신은 위대한 문제 해결사가 된다. 그러면 다른 사람들도 위대한 의사결정자이자 수행자가 되고자 하는 동기를 얻는다. 리더의 가장 위대한 장점 중 하나는 다른 리더들에게 영감을 주고, 또 다른 리더들을 창조하는 것이다. 책의 후반부로 갈수록 더 잘 알게 되겠지만, 문제 해결사는 세상을 지배한다.

"

의사결정은 훈련을 통해 강하게 키울 수 있는 근육이다. 좋건 나쁘건 모든 결정으로부터 배우면 더 빠르고, 더 잘 결정하게 된다. 삶의 다른 영역에서 자신감을 얻고, 경험이 있는 사람들의 조언을 얻고, 인지한 실수를 포용하면서 계속해서 결정을 수정하라. 그렇게 내린 결정이 다음 포스트잇 노트나 페니실린이 될 수도 있다.

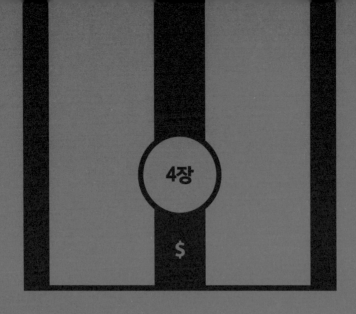

4장

$

하느냐 마느냐,
그것이 문제다

결정하느냐 마느냐, 그것이 문제다. 결정하기 전에 이 문제에 대해 좀 더 많은 시간을 두고 고민해야 하지 않을까? 아니다.

결단력은 당신에게 다음과 같은 리더의 특성을 선사한다.

1. 신속하고 효과적으로 결정할 수 있는 능력 (딕셔너리닷컴Dic-tionary.com)

2. 해결된 문제의 확정적 성격 혹은 생산된 결과 (딕셔너리닷컴)

3. 현재 결정의 실행 방법에 영향을 주기 위해 과거 경험에 '상당히 의존'할 수 있는 능력 (얼브레온닷컴earlbreon.com)

4. 행동을 점화시키는 불꽃. 맞서지 않으면 평생 미해결 상태로 남을 것임을 알기에 용기 있게 문제에 맞서기 (윌프레드 A. 페터슨Wilfred A. Peterson, 작가)

결단력은 모든 성공의 단초이자 선결 조건이다. 하지만 우리는 결단을 실제보다 훨씬 더 어렵고 복잡하게 만든다. 모든 사람들이 결단력을 가질 수 있다. 가부만 확실히 밝히면 되기 때문이다. 또한 "기다려달라"고 말하는 것도 가끔 용납된다. 기다리기로 한 결정이나 아무것도 하지 않기로 한 결정 모두 결정이기 때문이다.

항상 개선되는 좋은 결정을 내리는 기술은 다음의 단 네 가지 선택(앞에서 다룬 '결정 시나리오') 중에서 효과적으로 고르는 방법을 기반으로 한다.

1. 선택 A

2. 선택 B

3. 선택 A + B

4. A나 B를 모두 선택하지 않음

단순화하자.

결단력은 당신에게 신속하고 효과적으로 바람직한 결과를 얻게 하고, 그러한 결과에 이르도록 적절한 행동을 하게 해주는 능력을 선사한다. 결단은 축적 가능한 과거의 경험에 의지하며, 용기 있게 문제에 맞설 수 있도록 성공을 향한 행동에 불을 붙여준다.

우선 순위 설정하기

START NOW
G E T
PERFECT
L A T E R

해야 할 일을 다소 억지로 해야 할 경우에 하면 '안 되는' 일을 먼저 찾아 없애는 게 중요하다. 하면 안 되는 대표적인 두 가지 일은 다음과 같다.

1. 시간을 낭비하는 중요하지 않은 일

◇◇◇

무엇이 시간을 낭비하는 중요하지 않은 일인지 정리해보자. 소셜 미디어, 장시간 회의, 토론회 논쟁, 싫어하거나 마구 트집 잡는 사람에게 이용당하기, 쓸데없는 연민, 먹방, 셀카, 잡담, 논쟁, 정의롭게 굴기, 간섭 허용하기, 온라인 서핑, 이메일 확인, 정리와 청소, 냉장고 확인, TV나 유튜브 시청, 일반적 회피, 적극적 꾸물대기 등은 모두 피해야 한다. 해서는 안 되는 일을 알고 있으면 그런 일을 하는 걸 중단하라.

동기부여 연사이자 자기계발 전문가이자 저자인 브라이언 트레이시 Brian Tracey는 이런 일들을 '최종 순위의 일 posteriorities'이라고 부른다. '우선순위 priorities'가 높은 일과 반대되는 개념이다. 인간에게 알려진 가장 가치가 낮고, 가장 시간을 낭비하고, 수입을 갉아먹는 일이다.

사람들은 대부분 꾸물대는 게 나쁘다고 말하지만, 그것은 가치가 낮은 소득 창출 업무에 '위대한' 효과를 낸다. '최종 순위의 일'은 게으르고, 열정 없고, 지루하고, 무관심하게 해도 된다. 이런 일은 피하고 외주를 줘라.

최종 순위의 일이나 하면서도 바쁘고 열심히 일한다고 믿는 건 꾸물거림과 다르지 않다. 꾸물거림이 적극적 행동이고, 오랜 시간이 소요된다는 점을 제외하고는 그렇다. 당신의 마음이 빠지려는 이런 자기기만을 경계하라. 그것은 거짓말쟁이다. 당신은 아무 성과도 못 올리지만 안타깝게도 성과를 올리려고 많은 시간을 소비한다.

파킨슨의 법칙 Parkinson's Law이란 게 있다. 어떤 일이든 주어진 시간이 소진될 때까지 늘어진다는 법칙이다. 우선순위와 최종 순위를 정하지 않으면 모든 일이 똑같아지고 똑같은 시간과 공간을 차지한다. 하지만 어떤 두 가지 일도 똑같지 않다.

시간이 더 많이 걸리는 일도 있고, 상대적으로 더 중요한 일도 있다. 중요하지 않은 일이 소득 창출 업무보다 더 높은 우선순위를 차지하게 내버려두면 그것이 모든 시간을 차지할 것이다. 또한 가장 중요하고 가치가 높은 일을 하기 위해 남겨놓은 공간이 사라질 것이다.

2. 다른 사람에게 맡겨도 되는 일

◇◇◇

성장하고 싶다면 버릴 줄 알아야 한다. 사업 규모를 키우고 싶은 사람이 혼자 모든 일을 전부 직접 하려고 했다가는 실패한다. 가치가 낮은 잡무건 가치가 높은 소득 창출 업무건 간에 할 일의 가짓수를 줄이고 한 일의 가짓수를 늘리기 위해선 다른 사람의 도움을 받아야 한다.

모든 장인이 한때는 완전한 실패자였듯이, 모든 대기업 소유자나 관리자나 성공적으로 사업 규모를 늘린 사람은 조수, 직원, 보호자, 외주 작업자, 코치, 멘토 등의 도움을 받는다. 당신은 다음

두 가지 방법 중 하나를 쓸 수 있다.

① 당신이 먼저 결정하거나 사람들을 결정에 참여시켜라

부서 예산을 책정하고 용처를 정한다고 가정해보자. 당신이 먼저 용처를 결정하거나 실제로 지출한 후, 부서원들이 적절하다고 판단하는 곳에 예산을 쓰게 하라. 당신이 정해놓은 범위 내에서 그들이 가장 똑똑한 결정을 내릴 것을 믿어라.

② 사람들이 모든 결정을 알아서 하게 하라

위 방법을 생략하라. 사람들이 모든 결정을 내리게 하라. 그들에게 맡겨라. 그들이 예산 규모와 용처를 정하게 하라.

'해야 할 일' 명단에 있는 일을 성공적으로 외주를 주기 위해선 곰곰이 고민해봐야 한다. 이 문제에 대해선 뒤에서 더 자세히 살펴보겠다.

"

하면 안 되는 일을 알고 있으면 해야 할 일이 뭔지 아는 데 유용하다. 가치가 낮고 시간 낭비가 심한 모든 일을 최소한으로 줄이고, 반대로

해야 할 일을 줄이고 한 일을 늘리기 위해선 당
신보다 다른 사람이 더 잘할 수 있고 가치가 높
은 일은 외주를 줘라.

바쁜가, 생산적인가, 효율적인가?

START NOW
G E T
PERFECT
L A T E R

바쁘다는 건 열심히 많은 일을 하고 있다는 뜻이다. 생산적이라는 건 가장 중요한 일을 끝낸다는 뜻이다. 효율적이라는 건 최단시간 내에 중요한 일을 끝낸다는 뜻이다. 이런 차이를 알고, 자기 자신을 알면 덜 바빠지지만 효율성은 높아진다. 잘못된 일을 줄이고 가장 중요한 일을 조금 더 하면 효율성이 크게 높아진다.

효율적으로 일하는 방법을 알기 위해서는 자신을 바쁘게 만들지만 생산성이 낮거나, 낭비를 야기하는 분야가 어디인지를 알아야 한다. 미국의 기업가이자 작가인 페리 마셜Perry Marshall은 정확한 시간 사용 내역을 일목요연하게 정리할 수 있고, 30분이면 작성 가능한 업무 일지 작성법을 내게 가르쳐주었다. 2007년 처음이 일지를 쓰기 시작하면서 내 업무 방식은 획기적으로 바뀌었다. 당신도 업무 일지를 작성해볼 것을 강력하게 권한다.

2주 동안 업무와 에너지 일지를 작성하라. 일을 하나씩 적으면서 간단한 메모나 아니면 예전 방식처럼 긴 설명을 덧붙여도 좋다. 어떤 일(작업, 놀이, 휴식, 특정 과제)을 언제(얼마나 오랫동안) 했고, 어떤 느낌을 받았는지를 적어라. 편한 마음으로 했는가? 억지로 했는가? 즐기면서 했는가? 정말로 간단히 적어라.

마이크로소프트 워드 프로그램이나 스프레드시트에 템플릿을 만들어놓고 매일 같은 방식으로 채워도 된다. 한 일을 정말로 짧게 설명한 뒤, 당신이 받은 느낌과 즐긴 정도를 1부터 10까지의 점수나 간단한 약자(W는 일, R은 휴식, P는 놀이 등)로 표시하라. 다음은 일지 작성 방법 사례다.

시간	과제	세부 내용	에너지	분야

- 과제: W – 일 / S – 사회 생활 / R – 휴식
- 에너지: L – 무기력 / S – 안정감 / E – 활력 / F – 열정
- 분야: KLA – 중요 인생 분야 / KRA – 중요 결과 분야 / IGT – 소득 창출 업무 / A – 잡무 / W – 낭비

2주는 일관성 있는 양호한 자료를 얻기에는 충분히 길지만 하기 싫은 잡일을 하기에는 충분히 길지 않은 시간이다. 당신은 적절한 시간을 알 것이다. 일상적 업무 주기와 정기적으로 해야 할 일에 대한 통찰을 얻을 것이다. 일의 기복과 변화, 투자하고 쓰고 낭비한 시간, 그리고 최고의 결과가 창출되는 장소와 당신을 가장 방해하는 일 등에 대해서도 알게 될 것이다.

당신은 언제 열정적이 되고, 언제 무기력해진 채 얼마나 오랫동안 그런 상태를 유지하는지를 알 것이다. 또 언제 혼자 있고 싶고, 언제 사람들과 어울리고 싶고, 언제 일하길 선호하고, 언제 즐거움을 느끼고, 언제 영감을 받는지도 알 것이다. 모두 바로 확인이 가능하다.

이런 훈련을 하는 것만으로 더 효율적인 사람이 되어 효율적으로 일할 수 있다. 누구도 쓸모없는 노력과 혼란스러운 일을 되풀이하길 원하지 않을 것이기 때문이다.

이어 최대의 효율성을 얻기 위해 당신의 시간과 일과와 업무 배치를 재편할 수 있다. 준비 단계를 최소한으로 줄이고, 몰입 시간을 최대한도로 늘리기 위해 비슷한 종류의 일들을 함께 묶을 수 있다.

하루에 연달아 회의를 열 수도 있다. 사무실 대신 세계 어디서나 모든 일을 다 할 수 있게 랩톱에 필요한 모든 준비를 확실히 갖쳐놓을 수도 있다. 로그인 정보를 찾지 않기 위해 모든 정보를 정리해놓을 수도 있다. 이동하는 시간 동안 모든 전화 업무를 처리할 수도 있다.

> **"**
>
> 바쁘고, 생산적이고, 효율적인 때가 언제인지 알아보기 위해 2주 동안 업무 일지를 써봐라. 예전보다 20퍼센트나 10퍼센트의 시간만 투자해 5배에서 10배의 성과를 얻기 위해선 이 세 가지의 차이점을 알아야 한다.

'레버리지' 리스트를 만들어라

START NOW
G E T
PERFECT
L A T E R

우리는 구태의연한 '할 일' 목록을 재고하고 개명해야 한다. 그런 목록에 집착했다가는 실패의 길로 접어든다. 할 일 목록이 잘못된 조언을 해주기 때문이다. '할 일' 목록에 적어놓은 많은 일들을 실제로는 전혀 '해서는' 안 된다.

'할 일' 목록을 작성해본 다음에 목록을 보고 구토하고 싶은 적은 없었는가? 목록에 적혀 있는 일들뿐만 아니라 그 목록 자체가 역겨운 기분이 들게 만든 일은 없었는가?

할 일 목록은 가끔 일종의 고대 두루마리 문서처럼 보인다. 그래서 당신은 목록에 있는 몇 가지 '빨리 끝낼 수 있는 일들'을 가려낸다. 옥석을 가려낸다고 생각하면 기분이 더 좋아질 것 같아서다. 그런 일들이 전혀 중요하지 않더라도 말이다.

이후 당신은 전에 했던 어떤 일을 떠올린 뒤 그것을 그냥 다시 지우려고 '할 일' 명단에 적어놓는다. 아, 그렇게 하니 기분이 좋아진다. 또 한 가지 일을 끝냈다는 기분이 들어서다! 웃기지 않는가!

'할 일' 목록은 때때로 우리를 돌아버릴 정도의 스트레스 상황으로 집어넣는다. 그러니 그것을 극도로 신중하게 다뤄야 한다. 어떤 사람들은 워낙 완벽주의자이고 목록 작성 집착자이기 때문에 목록에 있는 모든 일을 끝내서 지우지 않으면 스트레스를 받고 극도의 신경쇠약 증세를 보인다. 오직 목록 때문에 말이다. 한평생 그들의 모든 행복이 그 단 하나의 목록에 달려 있다.

목록을 완전히 재설계하기 전에 보다 효율적으로 목록을 관리하는 몇 가지 방법을 소개하겠다.

1. 중요도, 즉 우선순위가
높은 순서에 따라 정리하라

◇◇◇

자신에게 정직하라. 스스로를 속이지 말고 중요한 일 순서에 따라 우선순위를 정해놓아라. 그러지 않으면 급할 때 무슨 일부터 해야 할지 몰라서 우왕좌왕하게 된다.

2. 전날 밤에 미리 목록을 정리해둬라

◇◇◇

이렇게 하면 하루 일과를 깔끔하게 간단히 정리할 수 있다. 마음을 비우고, 신경을 끄고, 만족하며 편안하게 잠자리에 들 수 있고, 다음 날에는 최대한 빠르게 일을 시작할 수 있다.

전날 목록을 정리해두면 다음 날 무슨 일부터 해야 할지 고민하는 대신 여유롭게 일의 우선순위를 정할 수 있다.

3. 현재 하던 일을 끝내기 전에
다음 일을 시작하지 말라

◇◇◇

우리는 모두 일을 건너뛰고, 빨리 끝낼 수 있을 것 같은 몇 가지 일을 하고, 약간 변화의 시간을 가지고, 힘든 일을 피하고 싶은 유혹에 시달린다.

그런 유혹을 멀리하라. 손쉬운 유혹에 빠졌다가는 결국 온갖 일에 매달려 허둥지둥하게 된다.

4. 더할 것과 뺄 것을 정하라

◇◇◇

자신과 협상하라. 목록에 허용 가능한 일의 숫자를 정해놓아라. 그런 다음 하나를 넣으면 하나를 빼는 걸 규칙으로 삼아라.

5. 목록에 몇 가지 할 일만을 넣어라 (포스트잇 노트)

◇◇◇

바빠질수록 목록에 계속 할 일을 집어넣고 싶은 유혹이 커진다. 목록에 최대한 5~7개 정도의 일만 넣어둬라. 더 해야 할 일이 있으면 다른 곳에 적어둔 다음에 일단 보류하라. 이렇게 하더라도 가끔 이상한 급한 일이 끼어드는 경우도 생긴다. 하지만 시간이 지나 급해지기 전에 중요한 일부터 처리할 수 있다.

나는 『레버리지』에서 다음과 같은 4D 법칙을 소개한 적이 있다.

Delegate - 위임하라

Delete - 삭제하라

Delay - 연기하라

Do - 하라

일을 할 때 이 4D 법칙 중 하나를 선택하라. 순서대로 법칙을 따라야 한다. 마지막 단계인 '하라'에 도달했을 때는 목록의 일 다수를 이미 해치우고 압박감이 줄어 있다. 책상 위에는 중요하고 가치가 높은 소득 창출 업무만 남는다.

가끔은 끝내는 데 시간이 많이 걸리거나 힘들 것 같은 큰일을 처리해야 할 경우 나는 꾸물댄다. 마감 시간이 다가올수록 그 일이 내 머릿속에서 점점 더 큰 공간을 차지한다. 그런 압박이 커질수록 나는 더 창의적인 해결책을 찾다가 종종 도움을 구하거나 아예 다른 사람에게 맡겨버린다. 나는 큰 안도감을 느끼며, 왜 처음부터 그렇게 하지 않았는지 자문한다.

4D 법칙 순서는 당신이 더 생산적이고 효율적이 되는 데 도움을 준다. 대부분의 사람은 항상 '하라'부터 시작하는 잘못된 방식을 따른다.

예전에 나는 내 책을 직접 편집하고, 모든 조사를 하고, 표지 디자인을 하고, 작가 소개와 책 뒷면 글을 쓰고, 제목과 부제목을 생각해내곤 했다. 전부 혼자서 말이다. 심지어 책의 조판 작업도 혼자 하려고 했다. 지금 생각해보면 정말 바보 같은 짓이다.

1. 나는 이런 일을 잘 못한다.
2. 걱정과 스트레스가 생긴다.

3. 나는 꾸물댔고 압박감을 느낀다.

4. 내가 잘하는 일과 내가 해야 할 일을 할 수 없다.

5. 이런 일들에 나보다 '훨씬 더' 뛰어나서 내가 의지할 수 있는 사람들이 있다.

당신도 잘 알 것이다.

과거의 나처럼 돼서는 안 된다. 더 자각하라. 다음 '위임' 법칙에 따라서 '할 일' 목록을 다시 작성하라.

1. 먼저 위임하라.

2. 다음으로 관리하라.

3. 마지막으로 직접 하라!

위임	관리	직접 하기

바쁠 때 가장 먼저 머릿속에 떠오르는 생각은 '내가 왜 이 일을 해야 하지?', '지금 할 일이 너무 많은데 어디서부터 시작하지?', '언제 이 일을 끝낼 수 있지?', '내가 이 일을 정말 시작할 수나 있

을까?'일 것이다.

이제 이렇게 해봐라. 다음 '할 일' 목록의 일을 시작할 때 그걸 직접 하는 대신에 외주나 위탁을 맡길 수 있을지 생각해보아라. 하려고 했던 첫 번째 일을 누구에게 맡길 수 있을까? 그리고 두 번째와 세 번째 일은 누구에게 맡길까? 지금 이 책을 쓰고 있는 나라면, 이 책에 관련된 조사, 편집, 조판 업무를 맡길 사람을 찾아야한다.

하루에 해야 할 일곱 가지 일 중에서 네 가지를 위임했다면 당신은 세 가지 일만 하면 된다. 따라서 절반 이하의 시간 동안 두 배가 넘는 결과를 얻을 것이다. 그러면 당신은 결과의 질도 개선할 수 있다. 천재적 발상이다.

직접 처리했을 일을 다른 사람에게 맡겼다면 그 일이 리본이 달린 멋진 포장지에 싸여 당신 책상 위에 마술처럼 도착해 있지는 않는다. '맡긴' 일은 처음부터 끝까지 '관리'할 필요가 있다. 맡긴 일 전체를 확인하고, 끝날 때까지 그 일을 관리하는 것이다. 이 두 단계를 거쳐야만 일을 '하는' 방안을 검토라도 할 수 있다.

몇 시간 동안 할 일을 다른 사람에게 맡겨도 엄청나게 큰 혜택을 누린다. 일곱 가지 일 중 세 가지 일을 맡기고, 두 가지 일은 관리하고, 남은 두 가지 일만 직접 하면 될 수 있을지 모른다.

또한 너무 바빠서 시간을 투자하기 힘들다면 더 일을 맡겨야 할 이유가 생긴 것인지도 모른다. 아무도 당신만큼 그 일을 잘할 수 없다는 생각이 든다면 역시 그 일을 맡겨야 할 이유가 생긴 것인지도 모른다. 당신의 생각이 틀렸을 수 있기 때문이다.

> **"**
>
> 일을 하기 전에 그것을 위임하고, 삭제하고, 연기하는 4D 법칙을 활용하라. 먼저 위임하고, 다음으로 관리하고, 마지막으로 직접 하거나 아니면 아예 하지 않음으로써 '해야 할' 일을 최대 3분의 2까지 줄일 수 있다.
>
> 능숙하지 않고, 집중을 방해하고, 좋아하지 않는 모든 일을 그 일을 좋아하고, 그것에 뛰어난 다른 사람에게 외주를 줘라. 습관을 바꾸기 위해 '할 일' 목록을 '위임' 목록으로 옮겨야 한다.

'무엇'보다 '언제'가 중요하다

START NOW
G E T
PERFECT
L A T E R

새벽 5시에 소셜 미디어에 글을 올린다는 건 솔직히 비상식적이다. 그런데도 일부 자기계발 동호회는 그 시간에 기상하지 않는 회원을 낙오자나 게으름뱅이로 간주한다. 새벽 6시나 심지어 4시에 글을 올리는 사람도 있다. 나는 그 시간대에 일어나기는커녕 집에 들어가곤 했다.

나는 많은 경제 경영 서적을 통해 미셸 오바마Michelle Obama나 배우 드웨인 존슨Dwayne Johnson(내가 모두 존경하는 사람들이다)처럼 성공한 사람들은 새벽 4시에 기상하고, 하루 수면 시간이 5시간 밖에 안 된다는 이야기를 읽었다. 나도 성공하기 위해서 그들을 따라 해야겠다고 생각한 적이 있다. 나는 새벽 4시 이후에 깨거나

8시간을 잘 때마다 항상 죄책감이 들거나 패배자가 된 느낌을 받았다.

나는 내가 추종하고, 내게 영향을 준 사람들의 행동을 따라 하지 못하는 내 모습이 너무 싫어서 다른 사람들은 어떤지 직접 알아보기로 결심했다. 내가 속한 모임에 있는 사람들에게 이상적인 수면과 기상 시간이 있으며, 몇 시간을 자야 가장 컨디션이 좋고, 언제가 가장 생산적인지 물어봤다.

내가 알아낸 결과는 명쾌하다. 우리는 모두 다르다는 점이다. 이 결과는 그다지 과학적이지 않을 수 있지만, 반드시 그래야 할 필요도 없었다. 나는 밤늦게 잠자리에 들고 늦게 일어나는 실험을 해봤다. 일찍 잠자리에 들고 일찍 일어나기도 했고, 늦게 잠자리에 들고 일찍 일어나기도 했다.

나는 나에게 맞는 최고의 커피가 무엇이고, 그것이 내게 어떤 기분을 느끼게 해주고, 내가 몇 시에 커피를 마시면 좋은지도 실험했다. 나는 내게 적절한 수면 시간과 내가 가장 활력이 넘치거나 가장 무기력할 때가 언제인지도 알아봤다. 이제 내가 찾아낸 결과를 공유하겠지만 공유의 목적은 당신이 직접 시도해보고 본인에게 이상적인 몰입, 수면과 기상과 에너지 주기 내지 생체리듬을 찾게 돕는 것이다.

아주 활동적인 사람들은 천성적으로 혹은 일이나 운동을 한 결과로 심신이 보다 정적인 사람들에 비해서 더 많은 잠을 자야 한다. 내 최적의 수면 시간은 오후 9시 30분부터 오전 5시 30분까지나 오후 9시 45분부터 오전 5시 45분까지다. 나는 가끔 7시간만 자도 하루를 버틸 수 있지만, 6시간 이하로 잤다가는 다음날 엄청난 숙취를 경험하는 기분이 든다. 오후 11시가 넘어 잠자리에 들었다가는 보드카를 잔뜩 마신 뒤와 비슷한 숙취에 시달리는 기분이나 UFC 이종 종합격투기 대회에 나가 싸운 다음 날 같은 몸 상태가 되곤 한다.

나보다 평균 수면 시간이 적은 사람들을 수도 없이 알고 있지만 그래도 그들의 심신이 괜찮은지, 아니면 잠이 부족해서 피곤해하는지는 모른다. 나는 늦잠을 자지 않는다. 또 시차에 시달릴 때를 제외하고는 부족한 잠을 보충할 필요도 없다.

내게 커피 맛이 가장 좋을 때는 오전 6시와 11시 30분이다. 난늘 똑같은 종류의 커피를 마신다. 코스타 커피Costa Coffee에서 나온 저지방 카푸치노를 보통 쓰기로 아주 뜨겁게 해서 마신다(코스타 커피로부터 후원을 받아야 하는 게 아닌가!). 나는 온갖 종류의 커피를 마셔봤지만 코스타 커피가 내 입맛에 가장 잘 맞는다. 술은 잘맞지 않아서 끊었다. 하지만 술을 조금만 마셔도 마음이 편해지는사람이 있기 때문에 자기에게만 맞다면 술도 괜찮다. 그런데 두잔만 마시면 괜찮지만 세 잔을 마시면 다음 날 숙취를 느끼는 사람이라면 두 잔에서 끝내야 한다.

위에 말한 커피가 맛있는 때와 가장 활력이 도는 시간은 겹친다. 내 경우 오전 6시부터 8시까지 가장 활력이 넘치기 때문에 나는 그때 중요한 결과 분야와 소득 창출 업무 일정을 잡는다. 나는 이 책의 80퍼센트 이상을 이 시간에 쓸 수 있었다. 그리고 나머지 시간에 남은 20퍼센트를 썼는데 걸린 시간은 아마 비슷할 것이다.

활력이 넘치는 또 다른 시간은 오전 11시와 오후 1시 사이다. 그래서 중요한 일과 소득을 창출하는 업무를 이 시간에 한다. 가족과 시간 보내기, 매일 저녁 집에서 먹는 식사, 아들 바이와 딸 아리아나와 함께 치는 골프는 모두 다음으로 활력도가 높은 시간대(수업 시작 전이나 방과 후 저녁식사 시간)에 한다. 전화와 회의도 이 시간대 부근이 적당하기 때문에 오전 10시 30분부터 11시 30분과 오후 3시 이후에는 일, 회의, 의사결정을 전혀 하지 않는다. 운동은 시간이 나면 하지만, 오후 5시 30분 이후로는 전혀 하지 않는다. 항상 저녁 식사 뒤에는 운동하지 말자고 다짐한다.

나의 경우, 오전 6시부터 8시 사이에 일하는 것만으로 하루 동안 해야 할 모든 일을 끝내기도 한다. 이때 외주를 맡겨야 할 일들도 모두 맡긴다. 사소한 잡일이나 이메일이나 급하거나 중요한 소득을 창출하는 업무와 무관한 사람들에게 보내는 답장은 저녁 식사 이후 한가한 시간에 한다. 여행을 갈 때는 시간을 최대한 이용하기 위해서 운전사를 대동한다. 나는 오전 6시에 커피를 마시고, 차 안에서 2배속으로 팟캐스트를 듣는다.

중요 결과 분야는 비전을 이루기 위해서 집중하는 가장 가치가 큰 영역이다. 그것은 팀과 역할과 유산에 최대한의 변화를 이루기 위해서 당신이 가진 시간 대부분을 투자해야 하는 3~7개 영역이다. 소득 창출 업무는 중요 결과 분야와 일맥상통하며, 그것에 이바지하는 당신이나 당신 회사에 가장 큰 가치를 주는 업무다. 그것은 최적의 시간 내에 소득과 직접적으로 관련된 최고로 값진 결과를 내주면서 혜택은 최대한도로 늘려주고 낭비는 최소한으로 줄여주는 업무다. 또한 더 적은 시간 안에 더 많이 끝내도 더 많이 벌게 해주는 업무다.

내 일상적 생체리듬에 대해서 별 관심이 없더라도 당신의 생체리듬에 대해서는 충분히 신경을 써야 한다. 내가 지도하고 조언해주는 사람들 중에는 시간과 관리와 압박감과 우선순위 때문에 고민하는 사람들이 아주 많은데, 그들은 이처럼 일상적인 일과를 제대로 정해두지 못했다.

알고도 하지 않는 건 모르는 것과 같다는 사실을 명심하라. 내가 이런 실험을 하고 결과를 찾아내는 데 총 3개월의 시간이 걸렸지만, 이 결과는 내 일상과 인생에 엄청난 영향을 줬다. 당신도 나와 똑같이 해보면 도움이 될 것이다.

1. 적은 시간 동안 더 많은 일을 할 수 있는 방법을 찾아라.

2. 가장 중요한 결과를 도출하는 업무와 소득을 창출하는 업무를 끝내라.

3. 가장 중요한 결과를 도출하는 업무와 소득을 창출하는 업무를 '신속히' 끝내라.

4. 그렇게 하면 일에 가속도가 붙고, 기분이 좋아지며, 심지어 더 많은 일을 끝낼 수 있다.

5. 가족, 사교, 취미에 할애하는 시간의 우선순위를 매겨라.

6. 당신에게 이상적으로 일과 생활의 균형을 맞춰라.

7. 건강하고, 집중하고, 늘 행복한 상태를 유지하라.

8. 자기 생각대로 살고, 다른 모든 사람들 때문에 지치지 말라.

배우자와 나는 넷플릭스 다큐멘터리를 볼 날짜를 정해둔다. 우리의 저녁 데이트 시간이다. 나는 아들과 같이 골프를 치는 일정을 짜놓는다. 나는 매일 같은 시간에 식사한다. 나는 보통 체계적 틀보다는 자유와 다양성을 좋아한다. 하지만 아이러니하게도 이런 원칙적이고 일상적인 생활이 내게 더 많은 자유를 준다.

당신이 이 책을 읽고 따라 할 수 있는 한 가지 행동이 있다면 잠자리에 들 시간, 기상 시간, 먹고 마실 것, 먹고 마실 시간, 일하고 쉬고 놀기에 적절한 장소에 따라 일과를 바꿔보고 창조하는 것이다. 이렇게 하면 당신은 무자비할 정도로 효과적이고 효율적으로 변한다. 아울러 예전의 20퍼센트밖에 안 되는 시간으로 5배의 일을 처리함으로써 10배 더 효율적인 사람이 될 수 있다고 말해도 과장이 아니다.

"

무엇을 하느냐가 아니라 언제 하느냐가 중요하다. 당신에게 최적인 수면과 식사 시간 및 기분과 컨디션 변화에 따른 업무 설정 등을 테스트함으로써 이상적인 일과 체계를 테스트하라. 몇 가지 일과를 테스트하라. 각각의 일과가 당신의 하루를 얼마나 생산적이고 효율적이고 균형이 잡히게 만드는지 확인하고, 당신에게 가장 맞는 일과를 정하라. 전체 일정을 짜고, 그 일정에 따라서 일하고 쉬고 놀면서 자기 방식대로 살아라.

포모도로 기법

START NOW
G E T
PERFECT
L A T E R

포모도로 기법은 최대한의 집중력과 신선한 창의성을 제공하는 시간 관리 철학이다. 이 기법은 시간 관리 전문가인 프란체스코 시릴로Francesco Cirillo의 연구에서 기원한다.

시릴로는 밤새워 공부해도 효과가 없다는 사실을 깨달았다. 산만해서 시간을 효과적으로 활용하지 못하고 있다고 판단한 그는 토마토 모양의 주방 타이머(포모도로는 '토마토'를 뜻하는 이탈리아어다)로 10분을 설정한 뒤, 그 10분 동안은 다른 어떤 일도 하지 않고 오로지 공부에만 매진했다. 그는 타이머가 울려서 쉴 수 있을 때까지 집중했고, 결과적으로 휴식 시간을 가지면서 더 많은 공부를 끝낼 수 있었다.

다음은 포모도로 기법의 두 가지 효과다.

1. 짧은 시간 동안 집중적으로 일하면 분명 꾸준한 생산성을 유지할 수 있다.
2. 규칙적으로 휴식을 취하라. 그래야 동기를 강화하고, 창의성을 유지할 수 있다.

어떤 중대한 일에 직면했을 때 짧은 시간 동안 열심히 일한 뒤 짧은 휴식 시간을 가져라. 이렇게 하면 당신의 두뇌는 짧은 시간 동안 집중하는 법을 배우고, 강력한 생산성을 창출한다.

나는 많은 분야에서 이 기법을 활용하고 있는데, 특히 글을 쓸 때 그렇다. 나는 25분 동안 글을 쓰고 5분 동안 휴식을 취한다. 단, 세 번째 25분 동안 일한 뒤에는 5분이 아닌 더 긴 휴식을 취한다. 내가 1년에 한 번씩 여는 '글쓰기 캠프'에서는 25분 동안 일한 뒤 5분 쉬기를 세 번 하고 장시간 쉬는 걸 총 네 번 한다. 즉 25분씩 총 열 두 번에 걸쳐 글쓰기에 집중한다. 그러면 대부분의 사람이 하루에 6,000~1만 5,000단어 분량을 쓴다. 포모도로 기법은 효과적이다. 다음은 5단계로 정리한 포모도로 기법이다.

1. 할 일을 정한다.

2. 타이머를 25분에 맞춘다.

3. 타이머가 25분이 지나고 울릴 때까지 일에 매진한다.

4. 짧은 휴식(5분. 계속 일하고 싶은 유혹 경계)을 취한다.

5. 서너 차례 이 패턴으로 일한 뒤 15~20분 정도의 긴 휴식을 취한다.

도중에 정신이 산만해지면 포모도로 기법을 중단하고, 하던 일을 저장한 뒤에 나중에 새로 시작하라. 포모도로 기법이 끝날 때까지 집중을 방해하는 걸 차단할 수 있는 환경이라면 방해를 받지 않고 계속 집중하는 자신을 발견할 것이다.

"

포모도로 기법은 집중적으로 일하기 위해 25분 동안 계속 일한 뒤 5분간 쉬는 걸 말한다. 방해하는 것에서 벗어나서 25분 동안 집중하면 휴식 시간을 갖더라도 생산적으로 변한다. 이 방법으로 나는 1년에 한 권 이상 책을 쓸 수 있었다. 포모도로 기법이 당신에게도 도움이 될 것이다.

최소한의 노력으로
해결책 찾기

START NOW
G E T
PERFECT
LATER
• •

당신이 스스로에게 가장 잘 속는다.

당신이 충분히 착하지 않다고 자책하든(거짓말), 중요한 일을 별일 아니라고 착각하든(거짓말), 거짓말의 영역은 다양하다. 그리고 당신이 자신에게 하는 가장 중요한 거짓말 중 하나는, 시작하기 전에 만반의 준비를 끝내야 한다는 말이다.

이 말들이 거짓말인 이유는 다음과 같다.

당신과 이 지구상에 사는 다른 모든 인간들은 한없이 지략과 창의성이 뛰어나다. 우리가 알고 있고 또 당연하게 여기는 모든 것이 동료 인간의 생각이나 발상 덕분에 만들어졌다. 창공에서 작은 영감의 씨가 뿌려지면 누군가가 그의 지략과 바람과 창의성과 근면성을 활용해 그것을 물질로 변화시키곤 했다.

한 사람이 그렇게 할 수 있다면 누구라도 가장 높은 가치를 두고 관심을 갖는 분야에서 그렇게 할 수 있다. 생각만으로 당신 키가 1미터 가까이 자랄 수는 없다. 하지만 다른 인간이 할 수 있는 일이라면 당신도 할 수 있다.

많은 사람이 빠져 있는 역설적 빈 공간은 '편안한 알려진 것 comfortable known'과 '불편한 미지의 것 uncomfortable unknown' 사이의 공간이다. 전자는 안전하지만 모든 지략과 창의성이 잠재되어 있고, 억눌려 있다. 불안한 미지의 것은 다소 무섭다. 당신은 그것에 맞설 준비가 되어 있다고 느껴지지 않기 때문에 주눅이 들지만, 거기에는 미개발된 당신의 모든 무한한 지략이 준비된 채 기회를 기다리며 저장되어 있다. 필요하다면 그것을 꺼내야 한다.

모든 창의성과 문제 해결 방법을 동면 상태로 내버려두지 말고, 편하게 불편해져라. 지금 시작하고 나중에 완벽해져라. 그리고 모든 잠재된 지략이 당신으로부터 흘러나오게 하라.

창의적인 사람이 되는 것은 대부분의 사람들이 생각하는 것보다 훨씬 더 쉽다. 모든 인간은 실제로 창의적이다. 예술가와 공상가의 세계뿐만 아니라 일상 세계 속에서도 창의성이 존재한다. 창의성은 알려진 것과 미지의 것, 천상과 천하, 그리고 이 둘 사이에서 균형을 맞춰 춤추고 있다.

다음은 더 창의적으로 변하는 몇 가지 방법이다.

1. 아주 창의적인 사람들(연사, 코미디언, 예술가, 기업인 등)의 말을 듣고 그들을 지켜보고, 그들의 행동을 모델로 삼아라.

2. 그들이 쓴 책을 읽어라. 그들의 오디오북과 팟캐스트를 들어라. 그들이 여는 세미나에 참석하고, 가능하다면 그들에게 직접 조언을 들을 기회를 만들어라.

3. 아이디어를 얻을 수 있게 잡음, 미디어, 부정적 성향으로부터 벗어나라.

4. 똑똑한 사람들의 생각, 견해, 조언을 구하라.

5. 말수를 줄이고 경청 시간을 늘려라.

6. 이종異種을 만들어라. 각기 다른 자리(대부분의 새로운 음악은 기존 장르들의 혼합물이다)로부터 얻은 아이디어를 합치고 통합하라.

7. 혁신을 연구하고 역설계하라. 입증된 과정을 추종하라.

8. 더 열심히 훈련하라. 엔돌핀을 분비하고, 창의성이 흘러나오게 하라.

9. 새롭고 놀라운 장소로 여행을 가고, 다른 문화를 경험하라.

10. 의견을 구하고, 수용하고, 지속적으로 피드백을 받아라.

11. 반대 의견, 비전통적 지혜, 색다른 생각을 연습하라. 기존

규범을 새롭게 해석하고, 비상식적으로 생각하라. 어떻게 하면 다르거나 특이하게 생각할 수 있을까?

12. 문제를 다른 방법으로 바라볼 수 있는 방법은 무엇일까?

13. 성공한 창의적인 누군가는 어떻게 문제를 해결할까?

14. 창의적인 장소에 스스로를 고립시켜라.

그리고 계속해서 써라. 생각, 발상, 감정을 표출하라. 아이디어가 생기면 써라. 영감을 받으면 써라. 옴짝달싹 못 할 때 써라. 화가 날 때 써라. 죄책감을 느낄 때 써라. 머릿속으로 누군가와 논쟁할 때 써라. 당신이 큰 소리로 하는 말을 기록하라. 머리가 비워지고, 더 많은 영감을 받을 새로운 공간이 만들어진다.

"

당신의 창의성과 지략은 무한대다. 더 창의적이 되기 위해선 다소 불편해지더라도 위에 나온 15가지 방법 중 한 가지 이상을 따르라. 그러면 최소한의 노력만으로 모든 미래의 해결책을 얻을 수 있다.

거짓말에 대응하는
10가지 전략

START NOW
G E T
PERFECT
L A T E R

당신이 아주 쉽게 속는 사람이라면 자기한테 거짓말을 해서 자기를 속일 수도 있다. 그렇다면 미래의 당신이 어떻게 느끼고 행동할지를 추측해본 뒤 자신을 속여 집중 방해, 꾸물거림, 압박감의 유혹을 피할 수도 있다.

무엇보다 자신이 하는 일을 잘 파악할 수 있을 만큼 충분히 자각하고 있으며, 정직해야 한다. 개를 데리고 나가는 산책이나 커피 마시기 같은 일은 어떻게 하느냐에 따라서 꾸물대는 일과 동기부여를 해주는 일 양쪽 모두가 될 수 있다. 이때는 자신을 속이지 말고, 이 차이를 알아야 한다. 경각심을 가져라. 어떤 비합리적인 일도 변명하지 말라. 꾸물대고 있는 것을 인정하라. 변명을 중단하라.

너무 피곤하다는 말은 거짓말이다. 뭐가 있는지 보려고 냉장고를 들여다볼 필요는 없다. 소셜 미디어를 확인할 필요도 없다. 어떤 것도 청소나 정리할 필요가 없다. 커피를 한 잔 더 마시지 않아도 된다. 개를 산책시킬 필요도 없다. 뭘 계획하거나 더 많이 조사할 필요가 없다. 더 많은 돈도 필요 없다. 다음 경기침체나 붕괴가 끝나기를 기다릴 필요가 없다. 당신은 모든 걸 미리 준비해둘 필요가 없다. 누가 그렇게 만반의 준비를 한단 말인가?

이 모든 변명은 헛소리에 불과하지만, 당신 머리와 또 다른 자아가 내는 목소리는 이 모든 '진통제'성 변명을 해대며 당신을 부단히 괴롭힌다. 하지만 훗날 큰 즐거움을 얻기 위해서 지금 약간의 고통을 느끼겠는가, 아니면 지금 쉽고 편하게 살다가 오랫동안 천천히 고통을 느끼겠는가?

다음은 '자신과 게임하는' 몇 가지 조언과 속임수다.

1. 발전된 자각을 통해 일과를 계획하라

◇◇◇

당신의 감정과 활력이 기복을 보이고, 생산성을 올리고, '무아지경'에 빠지는 시간을 미리 파악한 다음 일과 계획을 세워야 한다. 이 입증된 계획을 중심으로 모든 핵심 성과 영역, 소득 창출 업무, 가족, 일, 휴식, 놀이에 몰두할 시간을 짜라.

2. 무아지경에 빠지는 것을 찾아라

(그리고 그것을 도화선으로 삼아라)

◇◇◇

커피나 음악(내 경우 시끄러운 헤비메탈), 근력 운동, 자연 속 산책, 혹은 동기부여가 되는 유튜브 동영상… 무엇이 당신을 열정적이고 영감을 받게 만드는가? 이들을 종종 반복해봄으로써 동기를 불어넣어 주는 걸 찾아서 활용하라. 일단 생각을 프로그래밍하면, 동기부여 요인이 순식간에 당신을 무아지경의 상태로 인도할 것이다.

3. 마감 시간, 자신과의 게임을 시작하라

◇◇◇

마감 시간은 당신이 의지하는 사람들과 같이 지켜도 충분히 힘들다. 당신 혼자 마감 시간을 지키기는 더 힘들 수 있다. 혼자만의 마감 시간을 정하되 실제 마감 시간보다 일찍 정함으로써 자신과의 게임을 시작하라. 그러면 마감 시간을 놓치더라도 많은 일을 끝내놓은 상태일 것이고, 당신에겐 여전히 시간이 남아 있다.

이어 첫 번째 마감 시간만 있다고 자신을 속이고, 뒤의 남은 시간은 잊어라. 이런 속임수로 경쟁, 도전, 보상, 벌칙과 균형을 맞출 수 있다. 이 방법은 다른 사람들을 관리하고 그들에게 동기를 부여하는 데에도 좋은 효과가 있다. 자신을 더 속이기 위해선 마감 시간을 놓쳤을 때 어느 정도 심각한 고통을 유발하라.

예를 들어 나는 내 소셜 미디어에 내 책을 읽고 비판하는 비평가들에게 여행과 숙박비 전액을 지불하겠다는 제안을 올려놓았다. 120명이 넘는 사람들에게 참여 요청을 받았고 15명을 참여시켰다.

마감 날짜는 절대 불변이었다. 내가 초안을 작성하고 완독을 끝내기로 한 시간에서 일주일 뒤였다. 내가 마감 시간까지 초안 작성을 못 할 경우(마감 시한이 불과 9일밖에 남지 않았다!) 나는 15명 모두를 실망시키는 동시에 정말 바보처럼 보일 것이다. 또한 약속을 어겼으니, 미완성의 책을 읽을 사람들에게 거액의 돈까지 지불해야 한다.

나는 이 책보다 더 긴 전작 『머니』를 쓸 때도 똑같은 전략을 썼고, 이 방법 덕분에 무사히 마감했다. 고통과 여러 목소리와 변명을 뚫고 무슨 일이 있어도 책을 써야 했다. 이것이 중요한 일을 정시에 끝마치기 위한 최고의 속임수일 수 있다. 다만 어느 정도의

'고통'을 감수해야 한다!

4. 경쟁과 도전

◇◇◇

약간의 내기를 하라. 돈을 걸어도 좋고, 재미로 해도 좋다. 다른 사람에게 싸움을 걸어라. 자존심에 상처를 입으면 돈을 잃었을 때보다 더 아프게 느껴진다. 당신이 경쟁에 미친 사람이라면 이것도 자신과 게임하는 방법이다. 나는 친구들과 한두 달 동안 경쟁하면서 탄탄한 복근을 만든 적이 있다.

5. 보상과 벌칙

◇◇◇

하고 싶은 일과 하기 싫은 일은 무엇인가? 좋아하고 싫어하는 일의 가장 극단적인 사례를 고른 뒤 보상을 받거나 벌칙을 수용하기 위한 목표를 세워라. 보상은 물질적인 보상과 경험적인 보상 모두가 될 수 있다. 벌칙으로 공개 모욕, 싫어하는 정치인이나 기업에 기부하기, 경쟁자에게 돈을 주기 등을 선택할 수 있다. 무엇이 되었든 상상만으로 고통스럽다.

6. 공개 선언

◇◇◇

　목표와 달성 시기를 더 많은 사람에게 알릴수록 당신의 행동에 대한 관심은 커진다. 두려움이나 실패 때문에 보통 이렇게 하지 않지만 이렇게 하면 실패 확률을 줄일 수 있다. 누구나 사람들 앞에서 멍청해 보이고 싶지 않기 때문이다.

　아널드 슈워제네거는 모든 사람들에게 미스터 올림피아Mr Olympia(국제 보디빌딩 대회로 프로 보디빌딩계의 최고봉이다)건 할리우드 배우건 간에 스스로 과거에 목표했던 사람이 됐다고 말하고 다녔다. 그는 부끄러움을 무릅쓰고 매일 하루 종일 짧은 바지를 입고 종아리 근육을 내놓고 다니면서 세계 챔피언 수준으로 종아리 근육을 키우는 데 몰두했다. 공개 선언 다음의 실패와 수치스러움이 당장의 부끄러움보다 더 큰 고통이다!

7. 책임감

◇◇◇

　당신과 당신의 거짓말은 일단 잊어라. 코치나 멘토를 구하라. 커뮤니티에 들어가라. 책임감 있는 파트너나 친구를 구하라. 통제 집단에 들어가라. 목표를 정하고, 무관한 누군가에게 당신이 책임감을 유지하게 잔소리하고 괴롭혀서 행동하게 만들어라. 자신을 실망시키기는 쉬워도 다른 사람을 실망시키기는 쉽지 않다.

8. 의심이 된다면 다른 사람에게 맡겨라

◇◇◇

당신보다 더 똑똑하고, 훌륭하고, 빠르게 일을 처리해줄 사람을 찾아라. 그럼으로써 그 일을 하느라 겪게 될 온갖 고통을 피하라. 앞에 등장한 위임-관리-직접 하기 법칙을 따르면 된다. 나를 따르라. 일을 잘할 수 있을지 의심이 된다면 다른 사람에게 맡겨라.

9. 지속적인 자기 테스트

◇◇◇

지금까지 설명한 여덟 가지 게임 기술을 테스트하라. 사람에 따라 효과가 있는 기술도 있지만 큰 효과가 없는 기술도 있을 것이다. 어떤 기술은 정복하는 데 어느 정도 시간이 걸릴 것이고, 시간이 지나면 직접 본인의 기술을 발견할 것이다.

10번째 전략, 고립 전략은 뒤에서 자세히 다루겠다.

지금까지 설명한 10가지 전략은 효과적이다. 그들은 당신 안에 있는 망할 놈을 물리치고, 당신이 하는 일이 힘들어지고, 목록을 만들고 우선순위를 정해둔 다른 일들이 당신 뜻대로 되지 않을 때 효과를 낸다. 좋은 방법을 찾지 못할 때 이번 장을 계속 참고하라. 게임에서 이기기 위해서 자신과 게임하라!

> 당신이 가장 속기 쉬운 사람이기 때문에 언제 어떻게 스스로 곤경에서 벗어날 수 있을지 추측하라. 이어 책임감과 보상을 얻고, 실패의 고통을 느끼고, 방해받지 않은 채 행동을 추적하기 위해 이번 장에 나온 기술들로 자신을 속여라.

주변 환경을 훈련시켜라

START NOW
G E T
PERFECT
L A T E R

정리를 끝내고, 일할 수 있는 멋진 장소를 마련해두고, 하루 일정을 정하고, 만반의 준비를 마치고, 좋아하는 음료를 마셨다. 당신은 이제 막 일을 시작했는데 갑자기 문제가 발생한다.

이메일이 쏟아져 들어오기 시작했다. 개가 코로 문을 밀어 열어주자 아이들이 뛰어 들어와 당신이 있는 곳을 난장판으로 만든다. 소셜 미디어에 스팸 메시지 경고문이 뜬다. 중국에 있는 사람들이 동시다발적으로 전화를 건다. 혼란스러워하며 반나절을 헤맨 뒤 처음에 무슨 일을 어디서 왜 시작했는지조차 잊어버린다.

당신이 방해받은 걸 세상 탓만 할 수 없다. 당신이 어느 정도 용인했기에 연락을 받았다. 사람들에게 원할 때 아무 때나 연락하라고 가르쳐서다. 모든 알림도 켜뒀기 때문이다. 밤낮이고 고객들이 찾으면 늘 응답했다. 고객들 잘못이 아니다. 당신이 그들에게 그렇게 하도록 잘 훈련시켰다. 하지만 좋은 소식도 있다. 당신은 그들을 다시 잘 훈련시킬 수 있다. 다음의 간단한 과정을 통해 모든 간섭을 차단하라.

1. 모든 알림을 꺼둬라(특히 소리 알림).

2. 전화를 멀리 둬라(받지 말라. 통상적으로 전화는 자동응답기가 받게 하라).

3. 모든 방해 요인들에서 벗어나라(충분히 용기가 있다면 인터넷 선을 뽑아버려라).

4. 일에 깊이 몰두하기 적합한 환경을 조성하라.

집, 사무실, 공동 공간, 커피숍, 숲속이나 어디든 상관없이 가장 마음에 들고, 적절한 활력이 느껴지는 장소를 찾아야 한다(조용한 곳을 좋아하는 사람도 있고, 분주한 곳을 좋아하는 사람도 있다. 전적으로 당신 마음에 드는 장소면 된다). 자연광이 비추고, 깨끗하고, 멋진 장소여야 한다. 음악을 좋아한다면 켜고, 대형 헤드폰을 써라. 이런 모습은 당신이 누군가를 만났을 때 "꺼져라, 나는 바쁘다"는 신호를 준다. 혹은 평화롭고 조용한 분위기가 좋다면 그런 곳에 가서 일하라.

기기들을 꺼놓고 전화를 받지 않는다고 해서 고객들을 잃고 비상사태에 대응하지 못할까 봐 두려워할 필요는 없다. 당신은 그저 그들이 당신이 정한 시간과 조건에 따라 연락하거나 회의를 잡도록 재훈련시키고 있는 것뿐이다. 그들은 조만간 그런 훈련에 익숙해진다. 당신은 당신과 접촉할 수 있는 장소, 시간, 방법을 알려주는 자동응답 메시지를 설정해놓으면 된다(즉, 지금 말고). 심각한 비상사태 발생 시 사람들은 기계별로 여덟 차례는 연락을 취할 테니, 그런 사태가 발생해도 모를까 봐 걱정할 필요는 없다.

많은 사람이 방해를 받기 싫다는 뜻을 공손하게 전달하려다가 실패한다. 나는 과거 이 점에서 정말 겁쟁이였다. 다음은 내가 배운 몇 가지 똑똑한 방법이다.

1. "네, 알겠어요. 하지만 지금은 안 됩니다. 나중에 ○시는 어때요?"

2. 개인 비서, 가상 비서나 자동응답기의 도움을 받아라.

3. 누구도 당신을 찾을 수 없도록, 지금 있는 곳의 위치를 알려주지 마라.

4. 최대한 바쁜 척하라. 우리 어머니는 이런 표정의 전문가인데, 어머니 말로는 나도 그런 표정을 아주 정교하고 완

벽하게 짓는다고 한다. 한마디로 잠깐만 봐도 도망가고 싶어지는 메두사 같은 표정이 필요하다.

"

영감을 받을 수 있는, 일에 깊이 몰두하기 적합한 환경을 조성하라. 모든 방해물과 기기로부터 자신을 소외시켜라. 세상 사람들이 당신이 당신 기준에 따라 언제 시간이 나는지 알 수 있도록 그들을 재훈련시켜라.

간섭하는 자신을 해고하라

START NOW
G E T
PERFECT
LATER

직접 일을 하지도, 다른 사람에게 맡기지도 못하게 막아서 심각한 병목현상을 유발하는 주체가 당신 자신인 경우가 종종 있다. 일과 프로젝트와 책임을 위임하면 좋다. 하지만 완벽하고 철저하게 일을 맡긴 사람들로부터 벗어나 있지 않으면 당신의 개입 없이는 어떤 일도 끝나지 않는다. 이 경우 일의 규모를 키우고 지속적으로 밀고 나갈 수 없다.

당신은 그런 결과를 은밀하게 좋아할 수도 있다. 모든 일에 필요하고 중요한 자신의 모습에 빠져 양가적 감정을 느끼는 것이다. 어쩌다가 그런 함정에 빠지는지 살펴보고 이런 생각을 당장 멈춰야 한다. 모두 거짓이다. 아래의 해결책을 읽으며 심호흡하라.

1. 결과와 성과를 통제하기를 원한다

◇◇◇

내버려둬야 성공한다. 목표를 정한 후 내버려둬라. 일을 맡긴 사람들로부터 벗어나서 그들이 자기 방식대로 일하게 하라. 그들이 더 잘할 수도 있다.

2. 반드시 당신 방식으로
일이 처리되길 원한다

◇◇◇

당신이 지도한 다음에는 사람들이 자기 방식대로 일하게 두면 된다. 그러면 그들은 주인의식을 가지고 일을 사랑하고, 최선을 다하고, 심지어 당신보다 더 나은 결과를 생산할지도 모른다.

3. 누구도 당신의 수준에
미치지 못한다고 생각한다

◇◇◇

완벽은 달성 불가능하다. 우리가 할 일은 완벽해지려고 노력하면서 얻은 뛰어난 결과에 만족하는 것이다. 그런 다음 개선해나가면 된다. 스스로의 기준에 따라서 사람들을 판단하고 평가한다면 돌아올 것은 실망뿐이다.

4. 일을 맡겼다가
망친 경험이 반복될까 봐 두렵다

◇◇◇

혹시 그들을 잘 훈련시키지 못해서 일어난 일은 아닐까? 그들에게 중요한 일을 하는 데 필요한 재원, 지원, 자신감, 자율권을 충분히 주었나? 그들의 실수 때문이니(드문 일이다) 가만히 보고만 있지는 않았나? 같은 문제가 발생하면 더 나은 누군가를 찾거나 당신이 더 나은 방법으로 대처하면 된다.

5. 일을 잘 끝내려면
직접 해야 한다고 생각한다

◇◇◇

안 된다. 사람들이 당신만큼 일에 성심성의껏 집중하게 만드는 건 당신 책임이다.

6. 모두가 원하는 가장 중요한 사람이
나라고 느끼고 싶다

◇◇◇

내 친구 네빌 라이트는 애착을 가지고 일궈낸 회사를 약 1,000억 원을 받고 팔았다. 매각에 도움을 받기 위해 고용한 경영 컨설팅 회사는 그에게 전체 매각 과정 내내 멀리 휴가를 떠나달라고 부탁했다. 그의 모습이 회사에서 목격되면 잠재 인수자들이 그의 부재 시 회사가 안 돌아간다고 느낄 수도 있고, 그러면 회사 가치가 떨어진다는 게 이유였다.

사실상 그들이 그를 해고한 것이다. 덕분에 라이트는 1,000억 원을 벌 수 있었다. 매수자들은 누구에게 의존하지 않아도 되는 회사를 인수하길 원한다. 그런데 대부분의 기업들이 주로 창업자의 능력과 지식에 전적으로 기댄다.

나는 『머니』를 총 다섯 차례에 걸쳐 편집했다. 출판사는 내게 책 분량을 16만 5,000단어에서 12만 단어로 줄여달라고 부탁했다. 처음부터 끝까지 다섯 번을 통독하며 강도 높게 편집한 끝에 책 분량을 16만 5,000단어에서 16만 단어로 줄일 수 있었다. 대단하지 않은가? 5,000단어, 무려 5,000단어를 줄였다. 매번 고통스러운 편집 작업이었다.

내가 문제를 일으킨 장본인이었다.

나는 신속히 나를 해고해야 했다.

나는 편집자들이 나만큼 잘 편집하지 못할 것이라 짐작해서 사서 고생을 했다. 결과적으로 내 행동은 유치했다. 사실상 그들이 나보다 '훨씬' 편집 능력이 뛰어났다. 편집자가 있는데 왜 직접 편집하려 했을까? 사람들이 좋아하는 부분은 내가 편집했다고 하고, 싫어하는 부분은 편집자가 잘못 편집했다고 하기 위해서다. 하하하하.

> **"**
> 신속히 자신을 해고하라. 당신이 문제를 일으키는 장본인이다. 방해하지 말라. 성장하려면 마음을 비워라. 다른 사람들이 당신만큼 일을 잘하거나 아니면 심지어 더 잘할 거라고 믿어라. 당신이 병목현상을 일으키면 결코 일의 규모를 키우지 못한다.

절대 직접 하지 말라

START NOW
G E T
PERFECT
L A T E R

절대 직접 일하지 말라. 대신 일을 바쁜 사람에게 줘라!

토머스 에디슨은 바쁘게 살았지만 1,000건이 넘는 특허를 취득했다. 그는 전구를 발명하기까지 총 약 1만 번의 실험을 했다. 일본의 발명가 야마자키 순페이山崎 舜平는 2017년까지 4,987건의 특허를 취득했지만 여전히 왕성한 발명 활동을 하고 있다.

직접 일을 해야 한다는 낡은 시각에 굴복하지 마라. 직접 일을 파괴하라는 좀 더 새로운 시각에도 납득되지 마라. 어렸을 때부터 프로그램되어 있는 대로 열심히만 일하기보다는, 이제 똑똑하게 일할 필요가 있다. 당신은 더 나은 질문을 던져봄으로써 간단히 변화를 모색할 수 있다. '방법'을 묻는 질문을 중단하라.

☐ 내가 어떻게 그 일을 할 수 있을까?

☐ 내가 그 일을 시작이나 할 수 있을까?

위 질문들을 '누구'로 시작하는 질문으로 바꿔라.

☐ 내가 누구에게 그 일을 맡길 수 있을까?

☐ 누가 그 일을 해본 풍부한 경험이 있을까?

☐ 누구에게 그 일이 정말 쉬울까?

☐ 누가 그 일을 하는 걸 좋아할까?

☐ 누가 이미 그 일을 해봤을까? (내가 일하는 법을 모방하고, 빌리고, 일을 위임하거나 협업할 수 있는 사람)

당신이 더 이상 낡은 질문을 던지지 말고 더 나은 질문을 던지기 위해 위 질문들을 어딘가에 적어놓고서 간편히 참고하면 좋겠다. 삶의 질은 당신이 묻는 질문의 질에 따라 달라진다.

토머스 에디슨도 1만 번의 실험을 혼자 한 건 아니었다. 당연하다. 그는 멘로 파크Menlo Park 연구소를 차려놓고, 똑똑한 사람들의 도움을 받으며 실험했다. 그러므로 사실상 혼자서는 얻을 수 없었을지 모를 결과를 위해 1만 번의 실험을 위임한 것이다. 그 결과 우리가 얻은 것이 바로 '전구'다.

"

어떤 일을 끝내고 싶다면 그 일을 당신보다 더
빠르거나 잘할 수 있는 사람을 찾아라. 그것을
사랑하는 사람도 좋다. '방법'을 묻는 질문(내가
그 일을 어떻게 할 수 있을까?)을 '누구'로 시작하는 질
문(누구에게 이 일을 맡길 수 있을까?)으로 바꿔라. 당
신이 던지는 질문의 질은 당신 삶의 질에 긍정
적인 영향을 미칠 수 있다.

최대 생산성을 위한 3단계

START NOW
G E T
PERFECT
L A T E R

우리는 흥미로운 존재다. 우리는 천성적으로 즐거움을 탐하고, 고통을 피한다. 우리 뇌는 우리의 생존과 번창을 위한 화학적 보상과 처벌을 준다. 문제는, 세상이 너무 빨리 변해서 지금 받는 '당근과 채찍' 같은 감정이 수천 년 전 생존에는 유용했더라도, 지금은 구태의연하고 혼란스러워졌다는 점이다.

당신의 악이 당신의 선에 맞서 싸우고 있다. 당신의 중독이 당신의 비전에 맞서 싸우고 있다. 당신의 심장은 당신의 머리에 맞서 싸우고 있다. 당신은 '해야 한다고 느끼는 것'과 다른 사람들이 '당신이 해야 한다'고 말하는 것 사이에서 싸우고 있다. 당신은 더 나은 내일을 위해서 나중에 만족감을 느끼려고 애쓰지만 이로 인해 오늘 위험 속에서 생존 본능과 맞서 싸우고 있다.

이것을 규율이라고 부를 수 있다. 규율은 '마음에 들지 않아도 해야 한다는 걸 알고 있는 일을 하기'로 정의할 수 있다.

규율을 개선하고, '당근과 채찍'을 쓰고 싶은 자연스러운 욕구에 맞서 싸우고, 무자비한 효율성을 통해 최대한의 생산성을 얻을 수 있는 간단한 몇 가지 방법을 소개한다.

1. 중간에 조금씩 자신에게 보상하라

◇◇◇

약간의 휴식, 꾸물댐, 한눈을 팔고 싶은 내적 욕망을 충족시킬 수 있는 경험 선사 등으로 자신에게 조금씩 보상하라. 작게 시작한 뒤 일의 규모를 키워라. 성과와 보상의 크기를 서로 맞춰라.

2. 무엇이 가장 강력한 즐거움과 고통을 줬는지 생각하라

◇◇◇

나에게 가장 동기부여가 많이 되는 일은 무엇인가? 두렵고 미운 일은? 가장 하고 싶고, 되고 싶고, 가지고 싶은 건 무엇인가? 이를 목록으로 정리하고, 가장 깊은 두려움에서 벗어나서 가장 위대한 공상과 유산을 향해 나아갈 수 있게 목록을 활용하라.

3. 아주 분명한 그림을 그려라

◇◇◇

비전과 목표가 분명할수록 조금씩 그림을 완성해나가기 쉽다. 미리 정해놓지 않은 목표에는 결코 도달하지 못한다. 이 두 가지 없이는 수십 년 동안 애써도 어떤 것도 이루지 못한다.

"

어떤 동기로 즐거움을 얻고, 고통으로부터 벗어나는가? 당신의 악이 당신의 선과 싸우고 있다. 당신이 '해야 한다는 걸 알고 있는 일'을 하도록 동기를 부여받으려면 선과 악이 서로 싸우게 하라.

기회를 놓칠까 봐
두려워하지 말라

START NOW
G E T
PERFECT
L A T E R

FOMO는 Fear Of Missing Out의 줄임말로, '좋은 기회를 놓칠까 봐 느끼는 두려움'이라는 의미다. 누구나 이런 두려움을 느낀다. 마음에 둔 사람과의 데이트 기회를 놓칠까 봐 걱정해본 적이 있는가?

이런 좋은 기회를 놓칠까 봐 두려운 나머지 나쁜 결정을 내리기는 아주 쉽다. 모든 일을 전부 다 할 수는 없으므로 많은 일을 포기하는 게 바람직하다. 하지만 장밋빛으로 색칠된 안경을 쓰고 저 멀리에 있는 다른 사람들의 '푸르른 잔디' 같은 삶을 바라보면, 그들이 쉽고, 빠르고, 운이 좋게 성공했다는 생각이 들 수밖에 없다.

공식적으로 단언하는데, 현실적으로 그런 성공은 결코 없다.

모든 선택에는 같은 크기로 반대 방향으로 작용하는 행동과 반응, 이득과 손실, 긍정적 면과 부정적 면이 생긴다. 좋은 기회를 놓칠까 봐 느끼는 두려움은 종종 다음과 같은 행동으로 드러난다.

- ☐ 모든 사람에게 소중한 존재가 되려고 노력한다.
- ☐ 비전보다 경쟁력 여부를 기준으로 결정한다.
- ☐ 낮은 자존감 때문에 타인과의 비교 결과를 토대로 결정을 내린다.
- ☐ 질투심, 복수심, 이기심에 휩싸여 결정한다.
- ☐ 조사나 논리적 판단 없이 결정한다.
- ☐ 내가 아닌 다수 타인의 생각에 따라 결정한다.
- ☐ 비현실적으로 기대한다(더 빠르고 쉽게 성공할 수 있다고 생각한다).
- ☐ 이해하지 못하는 일에 뛰어든다.
- ☐ 진심으로 하고 싶지 않은 일이나 쉽게 중도 포기해버릴 일에 뛰어든다.
- ☐ 분명한 비전과 목표를 정해놓지 않는다.
- ☐ 다른 누군가를 우상화한다.
- ☐ 지나치게 흥분하거나 낙담한다.
- ☐ 조바심을 내다가 시야가 좁아진다.

좋은 기회를 놓칠까 봐 느끼는 두려움에 삶이 지배당한다면 충분히 생각하고 결정할 수 없다. 이런 현상이 심해질수록 아무것도 이룰 수 없는 자신의 능력에 대한 의구심이 커지고 자존감은 더 많이 깎인다.

이처럼 흥분에서 낙담으로 감정 기복을 겪을 때 슬프고도 아이러니하게도, '빨리 부자가 되는' 책략, 비현실적인 약속, 헛된 기대에 더 쉽게 빠진다. 그러다가 빠져나가려고 애쓰던 바로 그 패턴을 되풀이하게 된다.

단지 좋은 기회를 놓칠까 봐 두렵다는 이유만으로 뭔가를 하기로 결정했다가는 잘못된 행동을 할 수 있다. 모든 행동은 그에 상응하거나 반대되는 반응을 일으키기 때문에 당신이 뛰어든 멋질 것 같은 새로운 일을 하려면 기존에 하던 일에서 시간과 에너지를 빼와야 한다. 항상 대가가 따른다.

놓칠까 봐 느끼는 두려움만큼이나 기존에 하던 일을 망칠지 모른다는 두려움도 느껴야 한다. 새로운 일에 개구리처럼 뛰어들었다가 이미 하고 있던 일의 결과를 놓칠 수 있기 때문이다. 그 일을 장기간 해왔기 때문에 결과 달성이 임박했는데도 여전히 두려움을 느낀다.

당신이 석유 사업을 한다면, 석유 시추 작업을 시작해 20퍼센트를 판 뒤 포기하고 다른 유정에서 시추 작업을 다시 시작한 뒤

20퍼센트를 파다 또 포기하고 다른 유정에서 시추 작업을 하는 식의 작업을 반복적으로 하지 않을 것이다. 그건 누가 봐도 좀 미친 짓이다.

오늘 파종하고, 내일 걱정스러운 표정을 지으며 돌아와서 "음, 내가 심은 나무는 대체 어디 있지?"라고 소리치는 사람은 없다.

5개 유정을 모두 20퍼센트씩 파내려 가는 것은 한 유정을 끝까지 파는 것과 마찬가지의 에너지를 필요로 한다. 한 유정을 끝까지 다 파야 석유를 얻을 수 있다. 씨앗이 깊이 뿌리를 내리고 크게 자라 열매를 맺어야만 비로소 나무를 얻는다. 물을 주고 햇볕을 받아야 잔디는 더 푸르게 자란다.

좋은 기회를 놓칠까 봐 느끼는 두려움과 싸워 이기는 좋은 방법은 감정을 관찰하면서 마냥 기다리는 것이다. 이 방법은 술을 좋아하는 사람에게 몇 시간 동안 그냥 앉아서 술을 마시지 말고 바라만 보고 있으라는 것과 같다. 일단 기다려라. 얌전히 있어라. 극단적 감정이 누그러질 때까지 충분한 시간을 두고 기다린 다음에 보다 균형 잡힌 방식으로 결정을 평가해보라.

결정할 때마다 기회뿐만 아니라 대가를 살펴보면서 결정 과정의 균형을 확실히 잡아라. 억지로 결정을 내려선 안 된다. 놓치고 있는 일이 진정 당신이 해야 할 일이라면 그 일을 할 기회가 다시 생길 것이다. 어떤 경우에는 올바른 일에도 시기 조절이 필요하다. "하겠지만, 지금은 아니다"라고 말하는 법을 배워라. 가능성을 열어둬라. 약간만 열어둬도 좋다. 다음 일로 넘어가기 전에 본인의 얼굴을 똑바로 응시하고, 결실을 거둘 만큼 충분히 오랫동안 최선을 다했다는 확신을 가져라.

좋은 기회를 놓칠까 봐 느끼는 두려움의 반복적 패턴과 그것의 맹점을 살펴보라. 좋은 기회를 놓치고 싶지 않은 강력한 욕구를 느낄 때마다 그것을 의식하라. 그럴수록 욕구가 잠잠해질 때까지 기다리면 짐승을 더 잘 다스릴 수 있다.

"

좋은 기회를 놓칠까 봐 느끼는 두려움은 낮은 자존감과 확신의 부족, 조바심과 관련된 강력한 감정이다. 두려움은 모든 발전과 성공에 피해를 준다. 이 일 저 일 들쑤시고 다니다가 제대로 한 가지 일도 못 끝낼 수 있기 때문이다. 당신이 물을 주는 잔디를 빼고는 어떤 잔디도 푸르지 않다. 모든 결정에는 득실이 따른다. 좋은 기회를 놓칠까 봐 느끼는 두려움이 강할 때 그것을 의식하고, 일단 기다리며 그것이 지

나가게 하라. 그러면 균형과 노련함으로 무장
한 채 결정을 바라볼 수 있다.

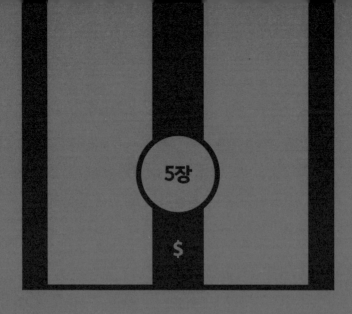

5장

$

부와 성공을 만드는
의사결정의 비밀

이 장을 시작하기 전에 위험은 낮추면서 더 빠르고, 훌륭하고, 큰 결정을 내리는 데 사용하는 나의 6단계 과정을 살펴보려고 한다. '나의 6단계 과정'이라고 이름 붙인 이유는 내가 직접 시험해봤기 때문이다. 지속적인 멘토와 롤모델을 통해서 과거의 잘못을 개선하는 과정을 거쳤기에 이 과정을 따르는 당신은 나만큼 시행착오를 겪지 않을 것이다. 이 간단한 6단계 과정은 당신이 무기력과 꾸물거림을 극복하고, 더 빠르게 더 많은 일을 완수하고, 잘못을 줄이고, 행동을 반복할 때마다 개선할 수 있게 도울 것이다.

1. 조사

배우고, 준비하고, 먼저 알아보라. 잘 모르고 경험도 없는 일에 뛰어들면서 값비싼 비용을 치를 위험에 빠지지 마라. 모든 위험에서 벗어나는 데 필요한 모든 걸 가질 수 없는 이상, '준비'하는 데 필요한 지식의 약 75퍼센트를 수집하라. 그리고 '지금 당장' 시작하라.

2. 테스트

테스트가 '실행'보다 낫다. 위험이 적고, 덜 영구적이며, 개선 방법을 생각해볼 수 있기 때문이다. 최소 기능 제품Minimum Viable Product을 내놓아라. 완벽하지 않아도 된다. 그것만으로도 시장에 통할 수 있지만 다음에 더 나은 제품을 만들 수 있다. 첫술에 배부를 수는 없는 법이다. 일단 빠르게 제품을 테스트해보면서 성능을 개선해나가라.

3. 검토

1차 테스트 결과를 분석하고 피드백을 받아라. 계속 해도 좋을 만큼 잘한 일은 무엇인가? 하지 않은 일 중 시작하면 좋은 일은 무엇인가? 효과가 없어서 중단해야 할 일은 무엇인가? 계속 할 일은 무엇인가?

4. 수정

개선을 목적으로 행동을 수정하라. 더디고 급진적인 개선보다는 작지만 꾸준하고 점진적인 개선이 더 좋다. 그래야 당신과 최종 소비자 모두가 더 쉽고, 덜 부담스럽게 개선할 수 있다.

5. 반복

처음부터 과정을 다시 시작하면서 개선된 기술과 경험과 자신감을 가지고 다시 테스트하라. 모든 행동을 테스트로 간주하면 압박감과 과도한 자신감이 사라진다. 이 주기를 거칠 때마다 조금씩 규모를 키우면서 시스템을 개선해나가라. 반복으로 지속 가능한 규모를 확대하며 준비할 수 있다.

6. 규모 확대

위 1단계에서부터 5단계까지를 몇 차례 반복하면 당신은 이제 규모를 키울 준비를 끝낸 셈이다. 지나치게 빠르거나 늦게 키우는 건 금물이다. 매 주기마다 규모 확대의 기초가 될 경험, 안정성, 시스템이 쌓인다. 이런 과정은 결코 끝나는 법이 없으므로 이 과정을 완전히 통달했다는 과도한 자신감에 빠진 채 안주해서는 안 된다. 부단하고 끊임없는 개선을 위해 과정을 반복하라.

결과와 성과로부터 거리를 두고, 개인적 감정도 배제해야 한다. 더 균형 잡힌 감정과 장기간 지속 가능한 성공을 위한 여행을 즐기고, 과

정을 따르라. 당신의 노력은 결코 끝나는 법이 없다. 항상 더 배우고 이

룰 게 있다. 완벽해지기 위해 노력하되 뛰어난 결과에 만족하라. 장기

적 비전을 향한 부단한 노력을 지속하라.

직관 대 정보

START NOW
G E T
PERFECT
L A T E R

시작도 하기 전에 100퍼센트 준비를 끝내기는 불가능하다. 결코 만반의 준비를 할 수는 없다. 설사 만반의 준비를 했다고 생각하더라도 누군가의 개입으로 준비의 일부 혹은 전체가 허사가 될 수 있다. 계속 가기 위해서는 일단 시작해야 한다. 준비는 허술한 성과를 예방하지만, 당신을 계획 단계에서 빠져나오지 못하게 만들 수도 있다.

처음 시작할 때는 직관을 쌓을 추가 정보가 필요하다. 경험이 쌓일수록 직관이 당신을 더 잘 인도해준다. 직관은 그동안 수집하고 분석한 경험을 토대로 현재 당신이 처한 상황의 긍정적인 면과 부정적인 면 모두에 대한 정보를 미리 알려주기 때문이다.

'마음'이나 '직감'이 직관이고, '머리'는 정보라고 한다. 논리적, 감정적, 물질적, 정신적 분류 중 직관과 정보 사이의 균형을 잡고, 각기 당신에게 어떻게 도움을 줄지 그리고 방해가 될 수 있는지를 이해하는 게 현명한 처사다.

직관

◇◇◇

1. 알고 있는 것: 기존 경험이 있는 분야
2. 더 많은 신뢰와 분별을 요구하는 관계, 파트너십
3. 사람과 관련된 상황, 높은 관심이 요구되는 상황
4. 도덕적 딜레마, 내적 갈등

정보

◇◇◇

1. 데이터, 분석적 상황
2. (현대의) 모든 복잡하거나 기술적인 영역
3. 자동화
4. 금전, 사업, 경제 여건

5. A나 B 둘 중 하나를 선택해야 하는 상황

'마음 가는 대로 따라가는' 여행인 직관은 '직감적 본능'을 존중하고 신뢰하면서 받는 느낌을 '경청'하며 결정을 내릴 수 있게 돕는다. 결과적으로 이때까지 살면서 겪은 모든 경험이 이런 느낌으로 모아진다. 당신은 또한 직관을 믿기 위해 다음 질문들을 자문해볼 수 있다.

- ☐ 직관이 괜찮게 느껴지는가? (이유를 설명할 수는 없더라도)
- ☐ 다음날 거울에 비친 내 얼굴을 떳떳하게 볼 수 있을까?
- ☐ 미래의 내가 이번에 내린 결정을 자랑스러워하고 행복해할까?
- ☐ 이 결정이 누구에게 영향을 줄 수 있을까?

직관은 자신을 믿고, 적절한(하지만 반드시 가장 쉽지만은 않은) 결정을 할 수 있는 용기를 가지고, 적절한 결과가 실현될 때까지 인내하는 문제와 관련되어 있다. 자신을 억지로 설득해야 한다면 그것은 보통 잘못된 결정이다.

우연히 돈이 든 지갑이 떨어져 있는 걸 발견했다면 물론 당신은 그것을 주인에게 되돌려줄 것이다. 길을 잃어버린 아이를 발견

했다면 가던 길을 멈추고 아이를 도와주겠는가? 당신은 종종 여러 가지 상황과 도덕적 딜레마에 처한다. 이때 내리는 올바른 판단이 누적되면 미래에 힘든 상황을 더 쉽게 헤쳐나가게 된다.

조사해서 얻는 정보는 데이터, 사실, 선호도 조사, 철저한 조사, 그리고 평가 가능한 과거의 경험에 대한 것이다. 브라이언 트레이시Brian Tracy는 "1분의 계획이 5분의 행동을 아껴준다(그리고 아마도 10분의 실수를 막아줄지도 모른다)"라고 말했다.

결정을 내리기 전에 데이터를 취합할 때는 가능한 모든 데이터를 수집하라. 단, 이때 마감 시간을 정해놓아야 한다. 의사결정을 할 때 빈번히 겪게 되는 문제는 신속히 구할 수 있거나, 깊이가 없거나, 혹은 이보다 더 안 좋게도 본인 마음에만 드는 선택이나 확증 편향(본인 마음에 드는 결과)을 뒷받침해주는 데이터만 수집하는 것이다. 필요한 데이터의 75퍼센트 정도를 구하는 목표를 세우고, 확실한 결과를 정하고, 완벽하게 준비하기 위해 필요하다고 판단되는 것을 조사하라. 그런 다음 방아쇠를 당겨라. 즉, 결정하고 행동하라.

이런 조사 작업에는 경험이 풍부한 사람들에게 좋은 조언을 듣는 것도 포함시킬 수 있다. 『나는 4시간만 일한다The 4 Hour Work-week』의 저자 팀 페리스Tim Ferriss는 자기 삶을 개선하기 위해 많은 똑똑한 사람들을 인터뷰했다. 팀 페리스는 그렇게 얻은 정보를 팟캐스트와 책으로 만들어서 다른 사람들을 도왔다. 나는 내 팟캐스트 '파괴적 기업가'에서 경험이 풍부한 위대한 인사들을 인터뷰하면서 정말 많은 것을 배웠다.

분석가가 겪는 역설은, 이러한 철저한 조사와 분석을 하다 꾸물거림의 덫에 빠져 소모적으로 끝낸다는 점이다. 현명한 조언을 얻되 지나치게 많은 사람으로부터 조언을 얻으려고 해서는 안 된다. 다양한 선택지를 구하라.

3~4개 정도의 대안(1개나 101개가 아니다)을 따져보라. 자신에게 약간의 시간을 주되 지나치게 많은 시간을 주지 마라. 통상적으로, 사람들이 3개 이상의 대안을 철저하게 살필 때 더 나은 대안이 나타난다. 대안이 지나치게 많을 때 사람은 압박감에 짓눌려 아무것도 고르지 못하는 선택의 역설 속에 빠진다.

마감 시간을 정한 뒤, 일단 하라.

"

잘 알고 결정하기 위해 직관과 정보를 모두 활용하라. 둘 중 하나나 둘 모두를 사용할 시점을 파악하라. 마음 가는 대로 할 때 적절한 행동이 뭔지 알지만, 머리를 따를 때는 조사를 해야 한다. 할 수 있는 완벽한 조사의 약 75퍼센트에 대한 명확한 결과를 정한 뒤, 자신에게 충분한 시간을 주되 확실한 마감 시간을 정한 다음 결정하고 행동하라.

투자 손실 위험을 제거하라

START NOW
G E T
PERFECT
L A T E R

위험은 절묘한 균형을 만들어낸다. 과도한 위험은 불필요한 잘못이나 완전한 상실을 초래할 수 있다. 하지만 아무런 위험도 감수하지 않는다면 모든 걸 잃을 위험이 있다.

위험과 보상은 정비례한다. 위험이 줄면 보통 더 안전해지지만, 돌아오는 이익도 줄어든다. 위험이 크면 보상도 커지지만 '장대한 몰락'을 맛볼 수도 있다. 위험과 보상의 관계를 받아들이고, 위험에 대한 일방적 시각을 취하지 않는 게 중요하다. 당신이 전략가라면 다음 원칙들을 따름으로써 위험을 관리할 수 있다.

1. 더 안전하고, 더 증명됐고, 위험성이 낮은 모델이나 투자

로 시작하라.

2. 위험 경험과 기준을 적극적으로 축적하라.

3. 위험이 클수록 그것에 대한 노출을 줄여라.

4. 도박에 뛰어들 시기와 위험을 무릅쓰다 잃어도 감당 가능한 한계를 파악하라.

5. 벌기만 하지 말고 배우기도 하라.

6. 최대한 손실 위험에서 자신을 지켜라.

리처드 브랜슨Richard Branson이 어떤 사람의 눈에는 머리카락을 흩날리며 재미를 추구하고 자유롭게 다니는 위험 감수자처럼 보일지 모른다. 하지만 그는 투자 손실 위험을 피하는 걸로 유명하다. 그는 자신이 세운 항공사가 망하면 보잉이 다시 그로부터 비행기를 사주는 조건으로 비행기를 매입했다. 보잉은 영국 항공 British Airways과 경쟁해줄 사람이 필요했기 때문에 브랜슨의 제안을 수락했다. 브랜슨은 최악의 위험이 생길 경우를 대비한 시나리오를 준비했지만, 연매출이 수천억 원인 버진 그룹Virgin Group을 성공적으로 세웠다.

당신이 최대한 손실 보호 장치를 마련해놓은 채 꼼꼼한 조사와 계산을 끝내고 투자 결정을 했다고 가정하자. 1차로 시간과 돈을 투자한 뒤 결과가 생기면 수정과 개선을 하면서 적극적으로 투자 규모를 늘려나간다. 투자 규모가 아주 커지면, 한 장소에 지나치게 많이 투자하는 역설적 위험을 겪을 수 있다. 이때는 투자처를 다각화하고, 특정 범주나 모델에 대한 투자 노출을 줄여서 위험을 제거해야 한다. 그리고 이 과정에서 배우고 얻은 모든 교훈과 경험을 활용해서 향후 더 똑똑하고 빠른 의사결정의 기틀을 마련할 수 있다.

도박은 아주 큰(운이 좋은) 승리를 거둘 거라는 기대로 잃으면 감당이 안 되는 시간과 돈을 가지고 내리는 결정이다. 그리고 도박은 몹시 중독성이 강하다. 확률상 항상 도박장이 이길 수밖에 없으므로 점점 더 많은 돈을 잃고, 상황은 더욱 악화된다.

차이를 구분하라! 좋은 조사와 검사를 통해 투자 손실을 지키고, 비용과 노출을 줄이고, 각종 안전장치와 보험과 백업 계획 등 기타 보호 장치들을 마련해둬야 한다.

> **"**
> 투자 이익을 얻는 데 전력할 수 있도록 투자 손
> 실 위험을 없애고 손실이 나지 않게 지켜라.

시나리오 플래닝

START NOW
G E T
PERFECT
L A T E R

사람들은 종종 걱정, 두려움, 만일의 사태가 일어날 가능성을 너무 심각하게 받아들이거나, 문맥을 무시하고 받아들인다. 우리의 뇌는 긍정적인 감정보다 두려움을 훨씬 더 심각하게 받아들이도록 '설계'되어 있기 때문에 우리는 실제로 일어날 가능성이 있는 일보다 혹시 일어날지 모르는 일에 대해서 지나치게 많이 걱정하는 것이다.

지금 우리가 모험을 떠나더라도 내가 살던 마을이 약탈을 당하고, 부족 전체가 몰살을 당하는 사태가 일어날 가능성은 없다. 많은 두려움이 수천 년 동안 이어진 낡은 두려움이기 때문에 두려움을 통제하는 게 현명하다.

앞에서 우리가 무슨 결정을 내리건 간에 사람의 죽음에 대해 책임질 필요가 없으니, 편한 상태로 결정하라고 말했다. 우리가 마음속으로 훨씬 더 큰 결정을 하고 있다는 걸 깨달았다면 이제 아래의 훈련이 부담, 책임감, 그리고 꾸물거림과 압박감을 더 완화시켜줄 것이다.

1. 일어날 수 있는 최악의 일을 자문하라

◇◇◇

이 결정으로 당신이 죽지는 않는다. 당신은 심각한 위험에 빠져 있지도 않다. 진정 최악의 경우에 일어날 일이 뭔지 생각하며 다양한 상황을 머릿속으로 그려보라.

2. 최악의 경우, 일어날 법한 경우, 최선의 경우에 대한 시나리오 플래닝

◇◇◇

당신이 (걱정을 줄이면서) 선제적으로 결정을 내릴 수 있도록 세 가지 시나리오를 대비해 계획을 짜면 된다.

최악의 경우

죽음, 공개 망신 같은 극단적 상황은 일어날 확률이 낮으니 일단 이 둘은 제외해 둬야 한다. 당신이 사업을 하기 위해 다니던 회사를 떠날 생각을 하고 있다면 나중에 회사로 되돌아올 수밖에 없게 되는 사태가 벌어지는 게 최악의 경우가 될 가능성이 높다. 돌아오면서 20퍼센트의 임금 삭감을 감수해야 할지도 모른다. 그러면 자신의 처지가 약간 초라하다는 느낌을 받을 수 있다.

하지만 당신이 광견병에 걸려서 서서히 죽을 가능성은 제로다. 최소한 당신은 하고 싶은 일을 시도했고, 이제는 무슨 일을 해야 할지 좀 더 분명히 알게 됐다. 또한 지식과 경험도 늘었을 것이다. 해보지 않고 후회하기보다는 해보고 후회하는 게 더 낫다. 시도한 일 대부분을 후회하지는 않을 공산이 크다. 적어도 그 일이 당신 뜻대로 되지 않았더라도 지식이 더 쌓였기 때문이다.

일어날 법한 경우

당신이 몇 가지 잘못을 저지를 수도 있다. 생각보다 해결에 더 많은 시간이 걸리거나 간혹 아주 곤란한 상황이 될 수도 있다. 원래 그런 일은 일어난다. 그러나 계속해서 노력하면 더 나아지고, 시간이 지나면 익숙해질 것이다. 당신은 돈을 벌거나 배우고, 계속 나아가며 성장할 것이다.

최선의 경우

당신은 무제한에 가까운 자유, 선택, 이익을 누릴 수 있다. 수십억 원의 수입을 얻고, 계속 혁신해나갈 수도 있다. 대성공을 거두고, 인류 대대로 남을 엄청난 유산을 남길 수도 있다. 또한 생각하거나 꿈꿔보지 못했던 새로운 지평선을 찾을 수도 있다. 시도해보지 않으면 결코 결과를 알 수 없다.

3. 시나리오 구상

◇◇◇

가장 개연성이 높은 시나리오를 구상하라. 시나리오 A나 B에서 어떤 일이 일어날 수 있을까? 머릿속으로 이런 시나리오를 그려보라. 이 간단한 기술을 통해 직면한 옵션을 보다 분명히 파악하고, 향후 계획을 짜가면서 자기의식을 높여야 자신이 어떻게 생각하고, 느끼고, 반응하고, 결정할지를 더 잘 예측할 수 있다.

'지금 시작하고 나중에 완벽해지는' 데 도움이 되는 몇 가지 질문을 모아보았다.

1. 지금 즉시 해야 할 가장 중요한(급하지는 않은) 일은 무엇인가?

2. 다른 모든 일들을 제쳐놓고 가장 먼저 해야 할 한 가지 일을 꼽는다면?

3. 내가 직접 이 일을 해야 하나? (위임하고, 삭제하고, 연기하라.)

4. 타협이 불가능한 최우선 순위의 일은 무엇인가?

5. 쉽게 시작하기 위해 필요한 재원은 무엇인가?

6. 과거 경험상 대개 어떤 일 때문에 행동이 방해를 받는가?

7. 하던 일을 중단하기 위해선 무엇이 필요한가?

8. (열정적인 사람, 성공한 사람, 멘토라면) 어떻게 할까?

> **"**
> 가장 두려워하는 일이 일어날 가능성이 낮다고 믿어라. 최악의 경우, 일어날 법한 경우, 최선의 경우에 해당하는 시나리오들을 짜라. 손해를 볼 수 있는 위험을 막을 수 있는 결과를 상상하고, 확신을 가지고 나아갈 수 있게 걱정을 덜어라.
> 위의 여덟 가지 질문에 답하며 다음에 취할 적절한 행동을 분명히 파악하라.

간단하지만 강력한 생각법

START NOW
G E T
PERFECT
LATER

꾸물거림과 압박감을 추방하는 가장 효과적인 방법 중 하나는 머릿속에 있는 모든 잡생각을 앞에 놓인 종이(혹은 화면)에 옮겨 적는 것이다. 혼란스러운 머릿속에선 잡생각을 분간하기 힘들지만 종이 위에선 그것이 훨씬 더 분명해진다.

평가하거나 꾸물거릴 때는 왼쪽에 '찬성' 혹은 '장점'이라고 적고, 오른쪽에 '반대' 혹은 '단점'이라고 적어라. 그리고 해당되는 것을 전부 적어봐라. 이렇게 해서 머리를 비우면 저절로 결정이 내려질 가능성이 커진다.

이 간단하지만 강력한 훈련 요령은 이렇다. 간단한 결정은 포스트잇 위에, 복잡한 결정은 보다 자세하게 적을 수 있는 큰 종이 위에 적어라. 아래의 목적을 위해서도 이 방법을 활용할 수 있다.

1. 제휴, 합작, 벤처
2. 역할과 책임 할당
3. 채용 및 직무 분석
4. 계약 체결 의향서 작성
5. 장기간 미뤄두고 있는 중대한 결정
6. 아이를 보낼 학교 결정
7. 이사를 갈 집이나 동네 결정
8. 직업과 관련된 결정
9. 일반적인 난상 토론과 아이디어 수집

"

간단한 '찬성'과 '반대' 및 '장점'과 '단점' 목록을 작성하는 훈련이 가진 힘을 과소평가해서는 안 된다. 생각을 멈추고 쓰기 시작하라. 눈앞에서 답이 술술 나올 수도 있다.

기회비용을 판단하라

어떤 결정이나 행동도 100퍼센트 긍정적이거나 부정적이지는 않다. 이 사실을 받아들이는 게 중요하다. 극단적인 것에 의해 판단이 흐려지기 쉽기 때문이다. 뭔가가 너무 나쁘거나 혹은 반대로 너무 좋을 때는 균형을 잡기가 힘들다. 바로 그때 우리는 한 가지로 압도적으로 쏠리는 감정을 느낄 수 있다.

긍정적인 감정과 부정적인 감정을 동시에 느끼는 경험은 드물다. 지혜와 지속가능성은 전체 그림을 균형 있게 볼 수 있는 능력으로부터 나온다. 이는 당신이 높이 날았을 때 잠재적인 부정적 위험을 보고, 도전에 직면했을 때 긍정적인 교훈을 보게 된다는 의미다. 나는 긍정적인 면을 더 많이 보는 경향이 있는데, 그로 인해 순진하거나 비현실적으로 변하곤 한다. 내 배우자는 부정적인 면을 더 많이 보는 경향이 있는데, 그로 인해 올바른 판단을 내리곤 한다.

선택할 때는 의사결정 방법뿐만 아니라 그 결정으로 감수해야 할 '기회비용'을 아는 게 중요하다. 결정을 내릴 때는 다음 질문들에 대한 답을 고민해봐야 한다.

- ☐ 이제 무엇을 할 수 없게 될까?
- ☐ 무엇을 희생해야 할까? 그냥 내버려둘까, 아니면 포기해야 할까?
- ☐ 결정으로 인해 얼마나 많은 시간, 돈, 보상, 에너지를 써야 할까?

현금으로 자동차를 살 때의 기회비용은 그 돈을 투자해서 얻을 수 있는 수익금이다. 따라서 리스로 차를 빌리는 방안도 고려해봐야 한다. 10년 동안 다니기 싫었던 직장을 계속 다닐 때의 기회비용은 자신만을 위해 일함으로써 얻을 수 있는 시간과 자유와 무제한적 소득이다.

보다 구체적이거나 복잡한 결정의 경우 기회비용이 불분명할 수도 있다. 다음은 기회비용을 계산할 때 유용한 방법이다.

1. 한 가지 일에 투자함으로써 다른 일을 못 하게 되는 시간은 얼마나 될까?

2. 결정하는 데 들거나 빼앗길 시간과 에너지의 양은 얼마나 될까?

3. 한번에 지나치게 많은 일을 하려다가 모든 일을 망칠 수도 있다.

4. 결정이 당신의 시간 가치(소득 창출 업무)를 깎아내리는가?
    (이 일에 시간을 투자할 가치가 있는가?)

5. 지출하거나 투자한 돈으로 다른 곳에서 더 나은 수익(대안)을 올릴 수 있다.

다른 일을 희생하면서 시간, 에너지, 창의성, 지략, 추진력, 열정, 관심을 쏟을 필요가 있는 일인지도 따져봐야 한다.

초과 근무를 하면 추가 수당을 받을 수 있겠지만, 대신 아이들과 보내는 시간이 줄어든다. 술을 몇 잔 마시면 즐겁겠지만, 그로 인한 기회비용이 3일간의 숙취일 수 있다. 소셜 미디어에서 벌어지는 논쟁에 참여하고 싶은 마음이 굴뚝같지만, 그러느라 주말을 전부 날려버릴 수 있다! 기회와 비용 모두를 따져보며 잘 판단하라.

"

모든 결정과 행동에는 기회비용이 수반된다.
그로 인해 더 생산적일 수 있는 다른 일에 시간
과 돈과 에너지를 투자하지 못할 수 있다. 지금
하려는 일뿐만 아니라 그 일을 함으로써 감수
해야 할 비용까지 고려하라.
대가는 항상 존재하며, 부정적인 면에서 긍정
적인 면을 보고, 반대로 긍정적인 면에서 부정
적인 면을 보면 지혜를 얻을 수 있다.

영원한 결정은 없다

START NOW
G E T
PERFECT
L A T E R ..

언제나 말은 쉬운데 행동이 어렵다. 우리 대부분은 해야 될 일이 뭔지를 알지만 그걸 알면서도 하지 않는 건 모르는 것과 같다.

행동하면 배운다. 기다리면 정체된다.

결정할 때 최종 결정이라고 생각하지 말고 모든 결정을 실천하기 '전'이 아니라 실천하면서 수정과 조정이 가능한 일련의 테스트로 간주하면 결정하고 실천하는 자연스러운 '흐름' 속에 빠져들 수 있다. 중대한 결정은 일련의 작은 결정들로 이루어져 있기 때문에 더 큰 결과를 얻기 위해서는 작은 결정부터 해야 한다. 그 과정에서 몰랐지만 필요하다고 판단되는 몇 가지 개선을 포함해서 결정을 수정할 필요가 생긴다. 테스트를 반복하며 개선과 반복이 이루어진다.

최종적인 결정은 부담과 스트레스를 준다. 하지만 현실적으로 어떤 결정도 최종적이지는 않다. 역설적으로 말해서, 최종 결정이라는 생각을 할수록 그것을 바꾸기 더 힘들다. 그러므로 어떤 결정도 '최종' 결정으로 간주해선 안 된다. 그래야 부담에서 벗어나 더 편한 마음으로 더 나은 결정을 할 수 있다.

내 말이 못 미덥다면 직접 테스트해보라.

애매해도 테스트해보라.

확신이 들어도 테스트해보라. 그래야 더 나은 결과에 대해 열린 마음을 유지할 수 있다.

최종 결정에서 부정적인 결과를 얻으면 누구나 낙담한다. 테스트를 결정의 발전적 개선 노력의 일환으로 간주하라. 새로 정한 휴가지의 숙소에 먼저 짧게 머물면서 그곳이 어떤지 테스트해보라. 새로운 레스토랑을 테스트하고, 자주 가는 레스토랑의 메뉴에서 아직 먹어보지 못한 음식을 테스트해보라. 이 외에도 많은 사례들이 있다.

코카콜라가 테스트 결과와 피드백을 적극 수용하지 않았다면 의약 회사에서 음료 회사로 변신하지 못했을 것이다. 트랙터를 만들던 람보르기니는 자동차를 만들지 못했을 것이다. 사실 닌텐도는 놀이용 카드에서부터 진공청소기와 즉석밥과 택시 회사를 거쳐 단기 호텔 체인 분야로까지 사업 영역을 넓혔다. 열린 마음으로 테스트를 하고 결과에서 얻는 긍정적인 변화는 이런 기업들이 모두 지금처럼 세계 일류 기업으로 발돋움하도록 도왔다.

서둘러라! 그리고 일단 해봐라!

◇◇◇

이제 당신은 좋고, 빠르고, 똑똑한 결정을 내리는 데 필요한 대부분의 전략과 전술을 확보했다. 추가로 무엇이 필요할까?

당신은 이제 완벽하게 될 수 없다는 걸 알고 있지만, 그렇다고 아무 노력도 하지 않아서는 완벽 근처에도 가지 못한다. 완벽하게 되려는 욕심을 부리다가 조금의 발전도 이뤄내지 못하는 사태가 발생해선 안 된다.

처음부터 최고의 결정과 행동을 할 가능성은 지극히 낮다. 심지어 나중에 다시 생각하면서 전에 내린 결정과 행동이 완전히 엉터리였다며 후회할 수도 있다. 확실한 것은 당신은 시간이 지나면 더 나아진다(혹은 완벽해진다)는 점이다. 최대한 빨리 더 나은 다음 결정을 할 수 있도록 처음 결정을 완전히 버려도 괜찮다.

누구도 당신의 첫 번째 결정을 기억하지 못한다.

뭔가를 하는 게 대체로 아무것도 안 하는 것보다 낫다.

너무 늦은 시작은 없다. 하지만 기다리면 항상 너무 늦는다.

말수를 줄이고, 행동을 늘려라. "말로 밥을 짓지는 못한다"라는 유명한 중국 속담도 있다.

- ☐ 바꿀 수 있는 건 바꿔라.
- ☐ 바꿀 수 없는 건 내버려둬라.
- ☐ 바꾸는 건 살려라.

어떤 결정도 영원할 필요는 없다. 어떤 결정도 신속한 수정과 개선이 가능하다. 모든 결정을 위험을 줄이고 개선 의식을 부단히 발전시키는 테스트로 여겨라. 완벽하지 않더라도 빨리 '충분히 좋은' 결정을 내려라. 그 결정이 효과가 있거나, 혹은 그것을 더 좋은 결정으로 만드는 법을 배우게 된다. 이어 이 과정을 반복하라. 큰 결정은 계속 더 발전하는 많은 작은 결정들로 이루어진다.

나이키의 슬로건은 "아니, 엿 먹어라Nah, Fuck It"가 아니라 "그냥 하라Just Do It"이다.

처음 부동산 회사를 창업했을 때 내가 가진 재산은 달랑 집 한 채뿐이었다. 예금해놓은 돈은 전혀 없었다. 내게는 좋은 부동산을 알아보고 판매 제안을 할 수 있는 경험이나 사람들의 신뢰가 없었다. 부동산 업계 사람들은 나를 어릿광대 같다고 생각했을 수도 있다. 하지만 한 차례의 부동산 매각은 20회, 50회, 500회, 그리고 그 이상으로 이어졌다. 나는 나중에 항상 완벽하게 거래하게 됐다.

내가 첫 번째 책을 썼을 때 그 책은 잘해봐야 범작 수준이었다. 하지만 내가 '완성한' 책은 완벽한(하지만 끝내지 못한) 내 책보다는 더 나았다. 그 평범한 첫 번째 책은 이제 4판을 찍었고, 영국에서 부동산 베스트셀러 반열에 올랐다. 불완전한 초판이 없었더라면 (훨씬) 더 좋은 4판도 없었을 것이다.

당신이 내가 처음 만든 웹사이트를 봤어야 한다. 사실 보지 못한 게 다행이다! 조악하기 그지없는 웹사이트였다. 하지만 웹사이트가 없어서 사람들이 나를 찾아올 수 없거나 연락할 수 없는 것보다는 그거라도 있는 게 더 나았다.

내 첫 번째 대중 강연을 본 사람들은 내 모습에 당황했을 것이다. 지금 생각해도 민망할 정도로 어설펐다. 하지만 지금까지 1,200회의 강연을 하면서 완벽해졌다. 지금은 한 번 강연할 때마다 수천만 원의 강연료를 받게 되었다.

경고를 하나 하겠다. 경솔하게 세상에 쓰레기를 투척해서는 안 된다. 혹은 결정을 미루거나 결정에 무관심해서도 안 된다. 어떤 직업(특히 의학, 보안, 안전과 관련된 직업)에는 완벽한 처리가 요구된다. 완벽하지 않으면 목숨을 잃는 사람이 생길 수도 있기 때문이다. 수술을 하거나 여객기를 운항할 때 나중에 완벽해져서는 안 된다. 심각한 결과나 사망자가 생길 수 있는 상황에서는 '나중에 완벽해지겠다'는 건 경솔한 생각이다. 이때는 처음부터 제대로 해야 한다.

"

서둘러라. 그리고 일단 해봐라. 지금 시작하고 나중에 완벽해져라. 어떤 결정도 최종적이지 않다. 모든 결정을 신속히 바꿀 수 있고, 목표를 향해 꾸준히 발전하게 해줄 테스트로 여겨라.

너무 많이 경험하지 말라

경험이 쌓이는 것은 누구에게나 분명히 이롭다. 우리는 경험을 통해 지혜, 직관, 자신감을 얻는다. 하지만 경험은 많은 사람이 망각하기 쉬운 문제점을 가지고 있다.

완벽한 자신감과 경험을 쌓을 때까지 아무 일도 시작하지 않는 사람이 너무 많다. 하지만 이런 생각은 모순이다. 시작해야 자신감과 경험을 얻기 때문이다.

경험을 쌓다가 다음과 같은 문제들이 생긴다.

1. 무감각한 태도
2. 열정과 열의 감소. 피로, 완전한 에너지 소진

3. 냉소, 신뢰 결핍

4. 에너지 부족

5. 반복으로 인한 창의성과 지략 부족

6. 지루함, 고정관념

7. 과도한 자신감, 오만이나 자만심

8. 노력과 관심 부족, 당연하게 여기기

당신이 새롭게 시작하거나 새로운 큰 결정에 착수했을 때는 이런 문제들을 많이 겪지 않는다. 사치를 부릴 여유가 없기 때문이다. 아직까지 결과를 내지 못해서 피로를 느끼지 못한다. 이런 역설적인 자산을 자신에게 유리하게 활용하라. 당신 안에 잠복되어 있는 자산을 보고, 그것에 집중하라. 이런 노력이 경험에 균형을 잡아준다.

종종 무감각하고 피곤한 경험을 한 사람들이 "내가 지금 알고 있는 걸 그때도 알았더라면 시작하지도 않았을 텐데"라고 말하는 걸 들어봤을 것이다. 하지만 처음부터 모든 경험을 쌓아놓지 않는 게 훨씬 더 유리하다. 증명되지 않은 큰 결정을 하기 위해선 어느 정도 '순진함'이 필요하다. 그 순진함을 잃지 말아야 한다.

당신의 청년다운 긍정성, 믿음, 창의성, 지략을 잃지 마라. 그들이 당신을 젊고, 겸손하고, 개방적으로 만들어준다. 이런 태도와 경험의 균형을 이루며 발전해나가면서 타인들의 경험을 적극 활용하라. 그러면 항상 이길 수 있다.

"

무슨 일이 있더라도 경험을 잘 활용하라. 하지만 과욕은 금물이다. 당신에겐 청년다운 순진함, 창의성, 지략이 필요하다. 너무 무감각해지고, 열정과 열의를 잃지 않게 주의하라. 당신이 겪은 경험과 타인들의 경험 사이에서 균형을 잡아라.

"내가 틀렸다"의 힘

START NOW
G E T
PERFECT
L A T E R

많은 사람이 생각을 바꾸는 걸 '약점'이라고 생각한다. 그로 인해 처음 결정이 약해질 거라고 느낀다. 그런 식으로 나쁜 결정에 집착하면서 결정을 더 악화시킨다. 이뿐만이 아니다. 이렇다 할 이유 없이 (자존심이나 신념을 지키는 것 외에) 완고해지고 융통성이 없는 사람이 된다. 결국 그들은 나쁜 결정을 더 나쁘게 만들거나, 좋은 결정을 아예 하지 못한다.

생각을 바꾸는 건 (5초마다 바꾸지 않는 이상) 약점이 아니라 강점이다. 그것은 당신이 과거에 집착하지 않는 사람이라는 사실을 보여준다. 당신은 자존심을 배제한 채 의사결정을 할 수 있다. 그런 모습은 당신이 변화에 적응할 수 있다는 걸 보여준다. 어쨌든 '바꿘다는' 사실만 그대로다. 따라서 생각을 바꾸거나 결정을 발전적으로 개선하는 기술은 결과를 성취하기 위한 전제 조건이다.

> **"발전하기 위해선 변해야 한다. 완벽해지기 위해서도 종종 변해야 한다."**
>
> 윈스턴 처칠(1874~1965),
> 전 영국 총리

예전에는 '내가 틀렸다'는 말이 입 밖에 나오지 않았다. 난 '틀렸다'는 말을 할 수 없게 프로그래밍되어 있는 로봇 같았다. 나는 미약한 자존심을 지키려고 앞서 수년 동안 내렸던 잘못된 게 분명했던 결정에 집착하며 그것을 옹호했다. 사실 누구도 내 이런 모습에 신경을 쓰지 않았다. 하지만 사람들에게 '내가 틀렸다고' 말하면 그들과 당신 사이에는 친밀한 관계가 형성된다.

이렇게 말해본 적이 있는가? "내가 틀렸다. 당신이 옳았다. 고맙다. 미안하다."

당신이 행복한 결혼 생활이 오래오래 지속되길 원한다면 "내가 틀렸다. 당신이 옳았다. 고맙다. 미안하다"라는 말을 자주하라. 마술 같은 효과를 낼 것이다.

행복한 직원, 고객, 추종자, 팬을 원한다면 이런 마술 문구를 자주 써라. 한 번에 한마디씩 해도 좋고, 큰 잘못을 저질렀다면 한꺼

번에 전부 해도 무방하다.

"내가 틀렸다. 당신이 옳았다. 고맙다. 미안하다"라고 하라.

지금은 파산한 비디오 대여업체인 블록버스터Blockbuster는 지나칠 정도로 오랫동안 시내 중심가에서 하는 비디오 대여업에 집착했다. 그들은 2000년대 초에 565억 원을 주고 넷플릭스를 인수할 기회를 몇 차례 얻었다. 하지만 그들은 넷플릭스의 가치를 얕봤고, 결국 그 결정은 블록버스터의 파산으로 이어졌다. 세계 1위 미디어 기업으로 등극한 넷플릭스의 시가총액은 2018년 하반기 기준 약 180조 원이다.

〝

항상 쓸데없는 변덕을 부리지 않는 한 적절할 때 생각을 바꾸는 건 약점이 아닌 강점이다. 필요하다면 "내가 틀렸다"라고 말하면서 사람들에게 힘을 실어줘라. 또한 생각을 바꾼다고 해서 자존심이 상하지는 않는다는 걸 명심하라. "내가 틀렸다. 당신이 옳았다. 고맙다. 미안하다"라고 말하라.

의사결정 비례 법칙

START NOW
G E T
PERFECT
LATER

의사결정 비례 법칙 law of proportional decision making 이란 '결정에 투자하는 시간의 양이 결정의 결과와 정비례한다'는 의미다. 영향력이 큰 결정에는 더 많은 시간이 소요된다. 당연하다. 영향력이 작은 결정에는 훨씬 적은 시간이 필요하다. 역시 당연하다.

당신은 이미 칫솔질처럼 습관적이고 일상적인 일을 할 때 이 법칙을 자동적으로 따르고 있다. 다시 말해 자잘한 일에 이 법칙을 적용할 수 있다. 그럼으로써 훨씬 더 중요한 일에 쓸 에너지를 아낄 수 있다. 어떤 두 가지 일도 가치가 같지 않지만 사람들은 습관을 반복하고, 그럼으로써 늘 아주 빠르거나 늦게 결정한다.

결정 초기에 얼마나 중요한 결정인지를 자문해봐라. 중요도에 따라 1등급부터 5등급까지 등급을 매길 수도 있다(단, 당신이 내릴 결정이 어느 등급에 해당하는지를 파악하느라 질질 끌어서는 안 된다).

결정에 얼마나 많은 시간과 계획 수립 노력과 조사와 조언을 투자해야 하는지 신속히 점검하는 게 목적이다. 중요도가 1등급인 결정이라면 아주 빨리 결정을 내릴 수 있다. 제3자에게 신속히 결정을 의뢰할 수 있으면 더 좋다. 이로써 4등급이나 5등급에 해당하는 결정에 투자할 여유 시간을 가질 수 있다. 이 경우, 계획 수립과 조사에 투자하는 시간이 좋은 결과를 낸다.

의사결정 피로, 직관 대 정보, 손실 위험 제거, 찬성과 반대와 관련된 지식을 의사결정 비례 법칙으로 넘겨라.

> **〝**
>
> 의사결정 비례 법칙이란 결정에 투자하는 시간의 양이 그것의 크기와 중요도에 정비례하는 것을 말한다. 어떤 두 결정도 가치가 같지 않은 이상 언제 빨리, 혹은 천천히 결정을 내릴지 알기 위해 1등급부터 5등급까지 중요도 등급을 매겨라.

크라우드소싱하라

START NOW
G E T
PERFECT
L A T E R

자신이 없으면 다른 사람에게 맡겨라. 본래 계획하거나 생각하거나 믿었던 대로 결과나 성과가 나오는 경우는 거의 없다. 어떤 결과가 나올지 알 수 없는 이상 미리 이런 문제를 해결할 수도 없다.

하지만 미리 잠깐 시간을 내서 왜 이런 문제가 생기고, 해결책은 있는지 생각해보자. 이런 생각이 더 빠르고, 쉽고, 훌륭한 성공적인 여정을 돕지는 않을까? 그리고 결정을 제3자에게 맡기고, 잘못된 결정을 내릴 위험을 줄일 수 있는지도 생각해보라.

대부분의 경우 그렇게 할 수 있다. 이를 '크라우드소싱 crowd-sourcing'이라고 한다.

크라우드소싱은 주로 비즈니스 목적으로 활용되지만 일상에도 적용이 가능하다. 딕셔너리닷컴은 크라우드소싱을 '인터넷을 통해 무료 혹은 유료로 다수의 사람들의 도움을 받아 과제나 프로젝트에 필요한 정보나 인풋(투입물)을 얻는 관행'으로 정의한다.

재미없을 것 같은 영화를 보는 위험을 줄이려면 소셜 미디어로 의견을 묻거나 전문가가 보고 쓴 리뷰를 찾아 읽으면 된다. 식당이나 휴가지 선택 때도 마찬가지다. 결정 소요 시간과 에너지와 나쁜 결정을 내릴 위험을 줄이려면 다른 사람들이 미리 겪은 경험을 끌어모아 참고하면 된다.

모든 아이디어를 혼자서 내는 게 가장 힘들게 문제를 해결하고 발전하는 방법이다. 이런 행동은 상당한 에너지와 위험을 수반한다. 저항을 받을 수도 있고, 과거 가보지 못했던 생각의 왕국으로 들어가야 할지도 모른다.

이보다 '훨씬' 더 쉬운 방법은 당신이 파는 물건을 산 사람, 당신이 원하는 일을 해봤을 친구, 멘토, 똑똑한 사람, 고객으로부터 아이디어를 얻는 것이다. 그들은 당신이 겪는 문제나 그에 대한 해결책을 앞서 경험해본 사람들이다.

비즈니스 상황에서 이런 아이디어를 요청해서 피드백을 받았다면 그것을 검토자나 사용자를 상대로 테스트하고, 그들이 낸 제안을 반복 테스트해본 뒤 아이디어를 상용화하면 된다. 마이크로소프트는 거의 모든 새로운 버전의 윈도를 출시할 때마다 이렇게

했다. 이렇게 하면 당신의 아이디어가 통할 거라는 자신감을 더 많이 가지고서 사업을 추진할 수 있다. 사전에 아이디어와 수요를 테스트해봤기 때문이다.

크라우드소싱의 특별한 점은 마케팅이나 사전 특별판매 때 활용할 수 있다는 것이다. 제품이나 서비스 개발 단계 때 사용자들을 참여시킬 수 있으면 그들은 출시 전부터 미리 제품이나 서비스에 대해 알고 있다. 이는 출시 예정인 신형 아이폰의 이미지를 본 것과 마찬가지로 강한 인상을 준다. 전기자동차 회사 테슬라는 신형 로드스터Roadster를 준비할 때 그렇게 했다. 로드스터에 대해 미리 알게 된 소비자들은 그것을 마음속에 품었다.

이미 원하는 걸 알고 사면 덜 위험하고 수고도 덜 든다. 당신은 판매 준비가 되기 전에 다른 사람들에게 그것을 사라고 권할 것이다. 나는 책을 출간할 때도 같은 방법을 사용해왔다. 일단, 책 주제에 대해 3~5가지 정도의 설문 조사를 실시한다. 이어 주제를 적절히 테스트해볼 수 있게 충분한 의견을 모은 뒤 압도적 다수의 지지를 얻은 주제로 정한다. 이어 책 제목, 부제, 표지 디자인, 그리고 추가 조사가 필요한 내용에 대한 아이디어도 구한다.

이 과정에 참여한 예비 독자들은 책을 철저하게 테스트했고, 출간 전에 이미 책 내용을 안다. 결과적으로 독자들의 기대를 훨씬 뛰어넘는 책이 나오고, 독자들은 자신이 책 창작에 기여했다고 느낀다. 그리고 그들은 책이 출간되기를 고대하며 기다린다.

포상 등 인센티브를 제공해 사람들이 당신을 더 적극적으로 돕게 경쟁을 유도할 수도 있다. 사람들을 설문 조사나 포커스 그룹이나 제품 테스트에 참여시킬 때 이 방법을 써도 좋다. 그냥 무작정 도움을 구해도 괜찮다.

자신이 창의적이라고 느껴지지 않을 때, 이미 시장에서 통하는 모델을 모방하고 싶을 때(그래서 위험을 줄이고 싶다면)도 크라우드소싱이 찾아낼 수 있는 최선의 해결책이다. 결단코 '단시간 내 부자가 되는 방법'은 없다. 하지만 가장 현실적으로 빠른 시간 내에 부자가 될 수 있는 방법은 크라우드소싱이다.

"

확신이 없다면 다른 사람의 힘을 빌려라. 고객, 추종자, 팬, 커뮤니티 회원들에게 문제와 해결책을 크라우드소싱하라. 그들이 뭘 원하는지 묻고, 다수의 의견을 따르고, 그들을 위해 만들고 개선하고, 이런 과정을 계속 반복하라.

작게 반복하라

START NOW
G E T
PERFECT
LATER

제품, 서비스, 아이디어를 테스트하거나 그와 관련해 크라우드소싱했다면 이제 일이 끝났다고 생각하기 쉽다. 그런데 사실은 이제 막 시작했을 뿐이다. 1판은 2판보다 절대 좋을 수 없으며, 좋아서도 안 된다. '검토, 수정, 반복' 단계는 당신이 만든 제품이나 서비스를 세상에 출시하는 것만큼 중요하다.

일부 사용자를 확보했다고 해도 그들의 피드백을 무시하고, 필요한 개선을 하지 않는다면 불평하는 사람이 생긴다. 최고의 제품이나 서비스를 만드는 절차는 간단하다. 검토하고, 수정하고, 반복하면 된다. 그런 다음에 테스트 과정을 몇 차례 되풀이한 다음에 규모를 키워나가면 된다.

절대 성급하게 규모를 키워서는 안 된다. 그랬다가는 문제의 규모도 같이 커진다. 따라서 더 큰 시장으로 나가거나 전면적 출시를 하기 전에 세 차례나 다섯 차례 혹은 그 이상으로 '검토, 수정, 반복'을 되풀이해야 할 수 있다. 다음은 '검토, 수정, 반복, 규모 확대' 과정을 효과적으로 (그리고 최소한의 위험만 감당하면) 끝낼 수 있는 몇 가지 방법이다.

검토

◇◇◇

1. 확실한 조언을 구하라

사용자, 멘토, 직원을 포함해서 경험이 있는 사람들에게 확실한 피드백과 조언을 받아라. 아이디어를 제공해줄 현명한 사람이 없으면 아이디어는 당신 머릿속에서 덜거덕거리면서 더 많은 압박감만 일으킨다.

2. 판단하지 말고 피드백을 경청하라

요청하라. 입을 다물어라. 경청하라. 메모하라. 판단하지 마라. 감사하라. 결정하라. 반복하라.

3. 지나치지 않은 조언을 구하라

지나치게 많은 조언을 받거나 지나치게 많은 멘토를 만날 수 있다. 압도당해서 아무것도 못할 만큼 많은 데이터를 얻지는 마라.

4. 하룻밤을 보내면서 생각해보거나 한동안 쉬어라

어떤 결정은 생각을 정리할 시간이 필요하다. 극단적인 감정을 가라앉히고, 결정의 무게에 비례해서 시간을 투자하고, 당신의 무의식이 작동하면서 해결책을 구하게 하라.

5. 핵심 성과 지표가 답을 보여준다

핵심 성과 지표나 데이터 세트는 감춰졌던 답이 아주 잘 보이게 해준다. 항상 숫자와 핵심 성과 기준을 분석하고, 짐작이나 편견이 아니라 과거의 경험과 사실에 의거해 결정하라.

수정

◇◇◇

1. 작게 반복하라

비행 중인 항공기의 최대 97퍼센트는 부단히 경로를 수정한다.

자잘하고 규칙적인 수정이 혁신적이고 위험한 큰 변화보다 대체로 더 낫다.

2. 한 번에 하나씩 개선하라

모든 걸 한꺼번에 바꾸려고 하거나 한 번에 너무 많이 바꿔서는 안 된다. 한 번에 한 가지씩만 따로 바꾼다면 변수의 영향을 가늠할 수 있다. 하지만 한 번에 모든 걸 바꾼다면 무엇이 효과가 있고, 없는지를 알지 못한다. 대부분의 사람들은 변화가 곧 개선이라고 믿지만, 종종 변화가 여러 가지 것들을 망친다. 작은 변화가 더 쉽고, 유익하다.

3. 자동화 시스템을 만들어라

수정하고 반복적으로 개선하는 과정에서 다시 수정하고, 계속해서 고쳐야 할 필요가 없이 수정을 자동화하라. 시스템을 업데이트하고, 발전을 지속해야 한다.

반복

◇◇◇

단순히 '검토, 수정' 과정을 반복하라. 적극적으로 개선하라. 모든 걸 바꾸지 않고 작거나 눈에 띄는 것만을 확실히 바꾸면서 테스트하겠다는 생각을 계속하라.

규모 확대

◇◇◇

좋은 데이터, 경험, 스트레스, 테스트를 거친 시스템을 확보한 다음에야 비로소 규모의 확대가 가능하다. 지나치게 빨리 규모를 확대하는 건 바람직하지 않다. 자칫 용량을 감당할 수 없어서 좋은 것들도 망칠 수 있다. 처음에 더 키울 수 있는 좋은 결과를 얻게 됐을 때 이런 유혹에 빠질 수도 있지만, 서투른 규모의 확대는 위험하다. 규모를 확대하기 전에 반드시 '검토, 수정, 반복'을 몇 차례 되풀이하라.

마지막으로 잊지 말아야 할 중요한 것은 거절할 때를 아는 것이다. 도중에 중단하거나 포기할 때를 알아야 한다. 시작한 모든 걸 끝내야 한다고 생각해서는 안 된다. 과유불급過猶不及이다. 죽은 말에 올라타 고삐를 당겨봐야 말은 앞으로 가지 않는다. 사업을 하며 비슷하게 행동한다면 엄청난 돈과 시간과 명성을 잃는다.

읽고 있는 책이 흥미롭지 않다면 읽는 걸 중단하고 다른 책을 읽어라. 사업이나 사업을 하면서 만든 제품이 시장에서 통하지 않는다면 멈춰라. 물론 온갖 걸 시작해놓고 아무것도 끝내지 못하고 싶지는 않을 것이다. 반대로, 완벽해지려는 욕구나 옳지 않아도 모든 걸 끝내야 한다는 판단의 두려움에서 벗어나라. 하던 걸 멈췄을 때 생기는 결과에 대한 두려움(직장을 그만두거나 나쁜 관계를 끝냈을 때 생기는 두려움)이 올바른 결정을 내리는 걸 막지 못하게 하라.

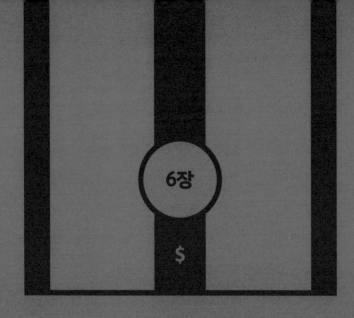

6장

$

힘들고 중요한 결정을
빠르게 내리는 능력

더 빠르고, 훌륭하고, 힘든 결정을 반복하면 더 빠르고, 훌륭하고, 힘든 결정을 내리는 능력이 더 나아진다. 모든 결정을 다음 결정을 위한 투자로 간주하라. 한때 힘들었던 결정도 시간이 지나면 더 쉬워진다.

6장에서는 결정 근육을 키우고, 더 힘들고 중요한 결정을 발전적으로 내릴 수 있는 준비를 할 수 있게 지금까지 나왔던 모든 전략과 전술을 다시 살펴보겠다. 당신이 더 나아지면 결정이 그만큼 더 쉬워질 뿐만 아니라 더 힘들면서 중요한 결정을 내릴 수 있는 권리와 기회의 문을 열 수 있다.

준비하고, 읽으며 따라오기를 바란다.

인생은 단거리 경주가 아닌 마라톤이다

START NOW
G E T
PERFECT
L A T E R

처음 회사를 세웠을 때 나는 미혼이었고, 굶주렸고, 가난했다. 그런 조건들이 내게 '치열하게' 살아야 한다는 엄청난 동기를 불어넣어줬다. 나는 일과 관련이 있다면 언제 어디서나 무슨 일에든 전력을 다했다. 하지만 내가 쏟은 상당량의 노력은 낭비됐고, 방향이 부적절했다.

나는 하루에 한 시간이라도 쉬면 죄책감을 느끼고 동시에 퇴보하는 기분이 들었다. 내 유일한 성과 척도가 '중노동'이었기 때문이다. 나는 1년에 한 번 정도 완전히 녹초가 됐다. 그러면 보통 몸이 아팠다. 아파야 비로소 일을 멈추고 쉴 수 있었다.

이런 주기를 4년 동안 반복했다. 어느 정도 성공을 거두자(당시

백만장자) 더 이상 그런 삶을 지속할 수 없었다. 나는 젊었고 고집이 셌으며, 천천히 하라거나 쉬라거나 적어도 침착하라는 사람들의 조언을 듣지 않으려고 했다. 항상 아직도 갈 길이 멀다고 느꼈다. 25년 동안 인생을 망쳤으니 그 잃어버린 시간을 보충해야 한다고 생각했다. 내가 당시 알거나 가지고 있었던 유일한 자산은 '근면과 성실함'이었지 '기교'가 아니었다.

지금은 나보다 현명한 연로한 세대가 나에게 말해주고 있던 게 무엇인지 알게 됐다. 인생은 단거리 달리기가 아닌 마라톤이다. 물론 무한한 시간이라는 거대한 구도 속에서 인생은 눈 깜짝할 사이에 지나간다. 인간의 평균 수명이 80세가 넘었고, 수명은 점점 더 늘어나고 있다. 그 긴 시간을 고려하고, 죽을 때까지 섹시하고, 건강하고, 동기를 부여받으며 사는 게 현명하다. 좋아하는 일을 하고, 하는 일을 좋아하면 당신은 80대까지도 열정적으로 일에 매달릴 수 있다.

많은 음악가와 예술가와 유명인사와 스포츠 스타가 짧고 굵게 경력을 유지하다가 결국 완전히 에너지가 고갈되는 모습을 봤다. 그들은 길을 잃고, 우울증에 걸리고, 목적의식을 상실하고, 종종 여생을 사는 데 필요한 돈도 벌지 못한 채로 경력을 종료했다.

워런 버핏은 50세가 될 때까지 순자산의 약 1퍼센트만 모았다. 그것도 여전히 큰 자산이었지만 이후 40년 동안 그는 현재 가진 자산 대부분을 벌었다. 40년 동안 그의 자산은 폭발적으로 늘었다. 버핏은 지속적인 성공 비결을 묻는 질문에 이렇게 답했다. "세 가지 덕분이다. 미국에서 살면서 훌륭한 기회를 얻었고, 좋은 유전자를 가져 장수할 수 있었고, 복리를 이용할 수 있었다."

처음 들었을 때 감이 잘 안 잡힐 수도 있지만, 이는 오래 생각해볼수록 깊이가 있는 말이다. 우리는 역설적인 시대에 살고 있다. 미국의 영향력 있는 사람들은 근면 성실하고, 성공하는 유일한 길은 하루에 18시간 동안 일하는 것이라고 말하지만 다른 한편으로 1980년대 초반부터 2000년대 초반 출생한 세대인 밀레니얼 세대에게는 게으르면서도 권리만 찾는다는 비난을 한다. 균형은 중간에서 만들어진다. 근면 성실하고, 깊이, 그리고 짧은 시간 동안 강렬하게 집중적으로 일하고 다음과 같이 쉬어야 한다.

1. 에너지와 감정적 통제력을 회복한다.
2. 아이디어와 창의성 발굴에 매진한다.
3. 오늘 하길 원하는 걸 미루지 않는다.
4. 빛나고, 카리스마 넘치고, 매력 넘치는 모습을 유지한다.
5. 가장 오랫동안 가장 의미 있는 삶을 산다.

이것은 내가 자신에게 반복해 보내는 메시지이기도 하다. 나도 자동적으로 점점 더 열심히 일만 하게 되기 때문이다. 나는 아주 근면한 한 기업인의 도움으로 성장했다. 그는 인터넷, 소셜 미디어, 위탁할 사람, 애플리케이션의 특혜와 도움을 누리거나 받지 못했다. 한 세대 전만 해도 일을 할 때 근면함과 성실함이 핵심 자산이었지만, 지금은 레버리지, 인맥, 영향력, 창의력, 문제 해결 능력, 팀과 시스템 구축 능력, 전략과 비전이 열심히 일하는 것 못지않은 가치가 있다.

근면함과 성실함은 사람들을 당신으로부터 밀어낼 수 있다. 그들이 근면하고 성실하지 않을 때 당신은 스트레스를 받고, 그들에게 벌컥 화를 내기 때문이다. 때로는 당신이 가장 사랑하는 사람들에게도 그럴 때가 생긴다. 당신이 잘 놀고, 잘 쉬었다면 그렇게 행동하지 않을 수 있다.

당신이 누구냐가 아니라 스트레스를 받거나 압박감을 느낄 때 어떻게 반응하느냐가 중요하다. 약간 절박함을 내보이는 것 역시 사람들에게 매력적이지 않다. 다른 사람들의 관심을 끌려면 처신을 잘해야 한다. 성과가 좋고 야심이 많은 것은 큰 장점이지만, 사람에 대한 믿음과 신뢰, 인내와 끈기도 못지않게 중요하다.

골퍼들 중엔 아주 어렸을 때부터 골프를 시작한 사람도 있다. 내가 아는 대성공을 거둔 몇몇 골퍼도 그랬다. 그들은 3~4세 때부터 골프를 시작했다. 이제는 30대 후반, 심지어 40대 후반이 되었는데도 여전히 골프 선수로 활동하고 있다. 이들은 지루함을 느끼거나 질리지 않고서 어떻게 그렇게 오랫동안 경력을 유지할 수 있었을까?

지나치게 무리한 사람들 중 다수는 경력 유지에 실패했다. 오랫동안 경력을 유지한 사람들은 상당 시간 골프에서 완전히 손을 뗀다. 그들은 2~4주 동안은 골프채를 만지지도 않는다. 그들에게 참기 힘든 일일 것이다. 하지만 경쟁에 뛰어들지 않고 먼지를 뒤집어쓰고 쉬는 몇 주 동안, 그들은 '굶주림'을 느낀다. 이 굶주림이 중요하다. 그런 굶주림이 없으면 모든 동기가 사라진다. 때로는 굶주림을 되살리기 위해서 시간을 내서 쉬고 놀아야 한다.

나는 26세부터 31세 사이에 정말로 열심히 일했다. 미혼이고 무일푼이었을 때는 내가 그렇게 일중독자처럼 구는 게 다른 누구에게도 아무런 문제가 안 됐다. 지금의 배우자를 만났을 때, 그녀는 당시 내 모습을 있는 그대로 받아들이고 열심히 오랫동안 일할 수 있는 자유를 주었다. 어느 날 단골 태국 식당에서 카레를 먹던 중 그녀는 내 인생을 뒤바꿔놓은 말을 했다. "나 임신했어."

18개월 정도 뒤에 그녀는 나를 앉혀놓고 본래 그렇듯 우아하게 이렇게 말했다. "롭, 당신이 해온 일과 당신이 이뤄놓은 사업이 자랑스러워. 하지만 당신이 계속해서 아들이 일어나기 전에 일하러 나가서 잠든 후에 귀가한다면 애는 성인이 되어서 아버지 얼굴을 못 알아볼 거야."

그 말을 듣고 난 큰 충격을 받았다. 처음에는 내가 그토록 열심히 일에 매달리는 게 결국 우리 가족을 위해서라는 변명이 떠올랐다. 하지만 사실은 그렇지 않았다. 그것은 내 두려움과 죄책감과 장기적 균형에 대한 지혜가 부족했기 때문에 생긴 문제였다. 나는 배우자에게 두 번 다시 같은 얘기를 듣고 싶지 않았다. 한동안 사업에서 완전히 손을 떼고 집에서 시간을 보내며 『레버리지』를 실천했다. 우리는 의무적으로가 아니라 선택적으로 열심히 일할 필요가 있다.

> **"**
>
> 일하고, 쉬고, 놀아라. 굶주린 상태를 유지하라.
> 80~100년 동안의 집중력과 열정을 위해 창의
> 적이 되고, 에너지와 감정을 회복하고, 빛나는
> 상태를 유지할 시간을 가져라.

진공 번영의 법칙

START NOW
G E T
PERFECT
L A T E R

일과 휴식과 놀이의 균형을 잡기 위해서 강도 높고 깊게 집중한 뒤에는 반드시 회복 시간을 가져야 한다. 공간과 마음을 정기적으로 정리하고 청소하는 게 중요하다. 한 걸음 더 나아가서, 이걸 핑계로 꾸물거려서는 안 된다. "롭이 공간과 마음을 비우라고 해서 정리 정돈을 하고 하루 종일 사색했습니다. 그런데 내 100억은 어디 있습니까?"라고 말하지 마라.

절대 안 된다.

마음과 몸과 산만함과 잡음을 일으키는 모든 공간을 청소하기 위해 주기적으로 다음 전략을 쓰는 방법을 고려해봐도 좋다. 목적은 압박감과 꾸물거림을 추방하고, 더 적은 시간에 더 많은 일을 하기 위해서다. 1분 동안 계획을 세우면 5분의 시간을 절약할 수 있다는 점을 명심하라. 주기적이고 계획적인 정리와 청소도 역시 마찬가지 효과를 낸다.

1. 보이는 곳에서 모든 잡동사니를 없애기
    ① 빠른 청소와 정리
    ② 가끔 사무실과 집 대청소 실시
2. 1년에 한두 번씩 전체 일정을 완전히 정리하기(약속 검토, 취소, 다시 잡기)
3. 기기 청소하기(이메일, 앱, 폴더). 저장, 백업, 모든 파일 제거
4. 머리 비우기(달리기, 명상, 사색 훈련, 마음 챙김 운동, 휴식)
    ① 매일
    ② 1년에 한두 번 완전한 도주, 숨어 있기, 휴가 가기
5. '할 일' 목록 · 메모 · 아이디어를 매주 정리하고 나중을 위해 저장하기
6. 정기적으로 건강 검진 받기
7. 과거에 저지른 실수와 타인이 한 잘못을 용서하고 그것에서 벗어나기

『머니』에서 나는 '진공 번영의 법칙'에 대해 이야기했다. 당신

의 삶에 새로운 무엇을 채워놓기 위해선 그것을 채울 수 있는 공간을 비우고 정리해놓고 있어야 한다는 말이다. 새로 옷이나 신발을 사려면 정기적으로 정리 정돈을 해서 새 물건을 넣을 공간을 마련해야 한다.

돈도 마찬가지다. 돈을 벌려면 먼저 써야 한다. 돈을 깔고 앉아 있어서는 안 된다.

생각도 마찬가지다. 아이디어, 창의성, 해결책을 얻기 위해선 먼저 복잡한 머리를 비워야 한다. 꽉 찬 머릿속에는 아이디어가 들어올 공간이 없다. 당신은 무한대로 창의적이지만, 빈 공간이 있을 때만 창의성을 발현할 수 있다.

좋은 감정을 느끼기 위해서는 얽매여 있는 나쁜 감정을 정리해야 한다. 과거에 저지른 잘못과 다른 사람들이 당신에게 저질렀다고 생각하는 잘못과 화해하라. 당신과 그들 모두 당시에는 가지고 있는 지식과 경험으로 할 수 있는 최선의 노력을 다했다.

더 수준 높고, 당신과 잘 맞는 사람들을 당신의 삶에 끌어들이기 위해선 친구를 사귈 때도 이 '진공 번영의 법칙'을 적용해야 할지 모른다. 과거의 짐을 치워야 삶 전체를 관통하는 위대한 일을 위한 공간이 생긴다.

앱과 폴더가 과도하게 많으면 컴퓨터 처리 속도가 떨어지듯이(가끔은 컴퓨터에서 '윙윙' 소리도 나고, 컴퓨터가 과열됐다는 느낌을 받을 수도 있다) 당신이 막고 있는 삶의 어떤 공간도 그렇게 된다. 덜 중요한 것을 버림으로써 더 중요한 것이 들어올 공간을 마련해야 한다.

"

삶의 모든 영역에서 정기적인 청소와 정리를 하라. 덜 중요한 것을 버리고 더 중요한 것이 들어올 공간을 마련하라. 자주 해도 좋고, 가끔 해도 좋지만 당신의 몸, 마음, 기기, 방해물, 후회, 짐, 감정, 금융, 일기를 철저히 청소하고, 정리하고, 정화해서 자유롭고, 개방적이고, 활력이 넘치는 삶을 살아라.

최소 노력의 법칙

START NOW
G E T
PERFECT
L A T E R

『몰입』의 저자인 심리학자 미하이 칙센트미하이는 몰입 상태를 '내재적 동기가 최상인 상태'라고 말했다. 이때 사람은 현재 하는 일에 무아지경으로 빠진다. 멀티태스킹을 다룬 부분에 대한 부연 설명을 하자면, 몰입 상태에 빠지면 시간을 최대한 활용하되 노력과 거부감은 최소한으로 줄일 수 있다. 또한 더 힘들고 중요한 결정을 더 쉽게 내릴 수 있다. 그러면 자연스럽게 자신의 직관을 더 신뢰하게 되고, 아이디어와 해결책이 당신의 온몸으로 흘러들어온다.

어떤 경우, 사람들은 힘들고 중요한 결정을 내리기 위해 스스로를 지나치게 밀어붙이고, 과도하게 고민하고, 스트레스를 받는다. 이보다 더 심한 모습을 보일 수도 있다. 의사결정 비례 법칙과 중대한 결정이 주는 무게감 때문에 그럴 수도 있다. 이해한다. 그러나 역설적으로, 점점 더 열심히 애쓰는 것이 종종 더 나쁜 결과를 불러올 수도 있다는 것을 기억해야 한다.

무술인이자 영화 배우였던 이소룡李小龍.Bruce Lee은 긴장을 풀고 힘을 빼고 발과 주먹을 써서 가지고 있는 무술 능력을 최대한 끌어올렸다. 당구 선수는 강하게 잘 쳐야 할 때, 아주 느슨하게 채를 잡는다. 위대한 코미디언들은 중요한 무대에서 긴장하지 않고 자연스러워 보인다. 크리켓 선수들도 완력보다는 타이밍을 통해 4점타와 6점타를 날린다.

수월해 보이는 모든 운동과 기술에서 '최소한의 노력'과 긴장을 완화한 상태가 성공의 비결이다. 물론 그런 장소와 상태에 도달하기까지는 많은 노력과 연습이 필요했다.

"경쟁하듯 연습해야 연습하듯 경쟁할 수 있다."

밥 로텔라 *Bob Rotella*,
스포츠 심리학자

인도 출신 하버드대학 의학박사이자 베스트셀러 작가인 디팩 초프라Deepak Chopra는 저서『성공을 부르는 일곱 가지 영적 법칙 Laws of Spiritual Success』에서 '최소 노력의 법칙'에 대해 설명한다.

나도 이 법칙을 실천에 옮기기 위해서 애써봤지만, 내가 애쓸수록 결과는 ….

내 단점 중 하나는 가끔 내가 너무 지나치게 밀어붙인다는 점이다. 긴장을 풀고 있어야 하는 스포츠 활동을 할 때 그런 실수를 저지른다. 가끔은 똑똑하게 머리를 써서 기술적으로 일하기보다는 나도 모르게 무작정 불도저처럼 일에 매진할 때도 있다. 너무 집요하게 물고 늘어져서 사람들이 내게 거부감을 느끼기도 한다.

사람들이 당신에게 다가오게 해야 한다. 가끔은 성장하기 위해 마음을 내려놓아야 한다. 초프라는 "자연의 지능은 힘들이지 않고 수월하고, 태평하고, 조화롭고, 사랑스럽게 작동한다. 이것이 '적게 하고 많이 이뤄라'는 원칙이다"라고 말했다. 자연으로부터 이런 교훈을 얻었을 때 우리는 우리의 욕구를 쉽게 충족한다.

잔디는 자라려고 애쓰지 않아도 알아서 자란다. 물고기는 유영 游泳하려고 애쓰지 않아도 유영한다. 이것은 그들의 본성이다. 빛을 내는 건 태양의 본성이다. 그리고 우리가 우리의 꿈을 힘들이지 않고 수월하게 물리적 형태로 드러내는 건 인간의 본성이다.

"다른 사람을 무력으로 지배하려는 건 에너지 낭비다. 우리가 사익만을 위해 돈을 벌려고 할 때, 우리에게 들어오는 에너지 흐름을 차단하고, 자연의 지능이 표현되지 못

하게 된다. 우리는 순간의 행복을 즐기기보다는 행복이라
는 착각을 좇느라 에너지를 허비한다."

나는 이것이 우리가 벗어나야만 하는 매우 강력한 개념임을 깨
달았다. 가끔 우리는 무리를 하지 말아야 한다. 자연의 자연적 질
서를 막는 건 우리 자신이다.

목표를 세워라. 그리고 그 목표를 향해 나아가라. 다만 지나치
게 밀어붙이지는 말아야 한다. 아이들의 행동을 지나치게 통제하
려고 하지 마라. 직원들의 프로젝트 수행 방법이나 사람들이 당신
의 기대치를 충족시키는지 여부에 너무 마음을 쓰지 말아야 한다.
무한 지능이나 당신에게 '고차원적인 질서'에 해당하는 어떤 것에
믿음을 가져라.

'최소 노력의 법칙'을 경험하기 위해서는 다음 수칙을 따르면
된다.

1. 사람, 환경, 사건을 지금 이 순간 그대로 받아들여라

순간을 바꿀 수는 없지만 순간을 받아들이면 미래를 바꿀 수
있다. 어떤 도전에 직면하건 '우주 전체가 그대로 유지돼야 하듯
이 이 순간도 그래야 한다'라는 점을 상기하라.

2. 완전하고 개인적인 책임을 져라

당신이 매번 내리는 결정과 당신이 처한 상황을 위해 당신 자신, 당신이 내린 결정, 혹은 당신이 한 행동을 포함해서 어떤 것이나 누구도 결코 비난하지 마라. 발생한 모든 문제는 이 순간을 더 위대한 혜택으로 바꿔놓을 수 있는 기회다.

3. 자기 시각을 옹호하려고 하지 마라

무방비 상태에서 당신은 모든 시각에 마음을 열어둔다. 이때 어느 하나의 시각에 얽매이지 않고, 항상 주변에 존재하지만 대부분 놓치고 마는 개선점과 선물을 포용할 수 있다.

"

몰입 상태에 빠지면 갈등과 긴장에서 벗어날 수 있고 직관력이 올라감으로써 자연스럽게 더 나은 결정을 할 수 있다. 지나치게 밀어붙이지 말고, 성장할 수 있게 마음을 내려놓고, 가진 모든 (무한한) 가치를 구현하기 위해 자연처럼 '최소 노력의 법칙'을 활용하라.

비전이 없는 삶은 목적도 없다

START NOW
G E T
PERFECT
LATER

나는 명확한 비전과 가치가 조화를 이루면 모든 결정과 행동이 자연스럽게 명확해진다고 확고하게 믿는다. 비전과 가치에 맞춰 일하거나 중대한 결정을 내리고, 무엇이 올바른 행동인지를 본질적으로 파악하는 데 전혀 힘이 들지 않는다.

적은 노력을 들여도 인생에 투자할 특별한 재능과 열정을 발휘하며 동기를 부여받게 해주는 인생의 확실한 비전과 목적을 얻지 못한다면 『레버리지』에 나오는 간단한 비전과 가치 훈련을 해보기를 권장한다. 레버리지는 내려야 할 다른 결정의 80퍼센트를 내리지 않아도 되게 만들어주는 아주 중요한 행동이다. 인생에서 자신에게 무엇이 가장 중요한지를 분명히 깨닫는 순간 그런 결정들을 내릴 필요가 사라진다.

까다롭고, 중요하고, 부담스러운 결정을 내려야 할 때 그것이 당신의 비전과 가치에 맞는지 확인하라. 그러면 즉시 분명한 시각을 가지고 행동에 집중할 수 있다. 당신은 이미 스스로의 가치에 따라 생활하고 있는데, 그것이 무엇인지 모를 뿐이다. 해결을 위해 고심하고 있는 일을 당신의 가치나 가치에 이바지하는 행동과 연결하지 못하고 있을 수 있다.

당신에게 충분히 중요한 일이라면 해결 방법을 찾을 것이고, 아니라면 변명을 찾을 것이다.

가치

◇◇◇

가치는 당신 인생과 체계적으로 정리해놓은 우선순위 중에서 가장 중요한 일과 대상에 부여한다. 가족, 건강, 사업, 취미, 열정, 직업, 여행, 자유와 그 외의 다른 개념들에 부여할 수 있다. 누구도 당신과 똑같은 우선순위를 정해놓고 같은 가치를 부여하지는 않는다.

이 지구상에 똑같은 사람이 두 명 있다면 한 사람은 불필요할 것이다. 누구도 당신과 똑같지 않기에 당신은 당신으로 존재함으로써 탁월한 능력을 가진 천재가 된다. 당신이 진정한 당신의 모습으로 가치에 따라 살 때 누구보다도 몰입 상태에서 집중하고 자연스럽게 우선순위를 정할 수 있는 최고의 '당신'이 되는 것이다.

비전

◇◇◇

당신의 비전은 궁극적으로 영감이 가득한 가치를 평생토록 표현한 것이다. 당신의 가치는 갈림길, 힘든 선택, 차질, 혼란, 과도적 기간처럼 방향이 명확하지 않아 혼란을 겪는 매 순간에 당신을 인도해주는 인생의 '이정표' 역할을 해준다.

비전이 없는 삶은 목적이 없다. 그토록 많은 사람이 인생의 의미를 찾기 위해서 씨름하는 이유도 이 때문이다. 나는 인류를 진화시키기 위해 당신만의 특별한 목적을 찾는 데 인생의 의미가 있다고 믿는다.

"

어떤 게 올바른 결정인지 잘 모르겠다면 크거나 힘들거나 중요한 결정을 당신의 비전과 가치에 맞춰 확인해보라. 가치에 맞게 행동하라. 그래야 자연스럽게 집중하고 우선순위를 정할 수 있다.

'내 안의 망할 놈'을 관리하라

START NOW
G E T
PERFECT
L A T E R
• •

대부분의 사람들이 감정에 휘둘린다. 한평생 그러는 사람도 있지만 통제력을 잃고 흥분할 때만 가끔 그러는 사람도 있다. 분노에 차거나 적절한 주의를 기울이지 않고 대응하다가 나중에 후회해본 적은 없는가? 누군가에게 괜히 화를 냈을 수도 있고, 이메일을 엉터리로 읽은 뒤 쏜살같이 답장을 보냈을 수도 있고, 성급히 결론을 내렸다가 나중에 바보처럼 행동했다는 느낌을 받을 수도 있다.

우리 모두 그런 경험을 했다. 우리 누구도 완벽하지 않다. 당신이 아닌 '당신 안의 망할 놈', 즉 감정적이고, 유치하고, 변덕스러운 또 다른 당신이 문제다.

감정을 잘 통제해야 원하는 대로 인생을 살 수 있다. 감정의 노예가 되면 쉽게 상처를 받고, 통제력을 상실하고, 사람들과 성공을 당신으로부터 밀어낸다. 이런 내적 감정이 당신을 조롱하고 저주할 수 있다. 그것은 당신의 모든 두려움과 과거의 짐과 당신 안에 있는 망할 놈이 내는 성마른 불평의 목소리가 합쳐서 만든 감정이다.

감정 통제는 감정을 부정하는 게 아니라 감정을 관찰하고, 감정을 이해하려고 노력하는 시간을 갖는 문제와 관련된다. 그것은 '내가 왜 이렇게 느끼고 반응하고 있지?'나 '이런 변덕스러운 감정이 대체 무슨 소용이 있지?'에 대해 고민해보는 시간이다.

감정을 이해, 관리, 통제, 정복해서 결정, 행동, 결과를 장악하기 위해 인생에서 테스트해볼 수 있는 10가지 전략을 소개한다.

1. 감정을 관찰하라

감정에서 벗어나 당신 안의 다른 목소리가 되어 판단하지 말고 지켜보라. '당신 안의 망할 놈'이 뭘 했는지 살펴보라.

2. 감정이나 반응을 일으키는 원인은 무엇인가?

감정이 대체 어디서 생기는가? 당신 안에 있는 무엇이 당신을 이렇게 반응하게 만드는가?

3. 왜 그것이 지속되나?

당신은 무엇을 모르고 있는 걸까? 무엇이 감정을 야기하나?

4. 극복하고 성장하기 위해서 필요한 피드백은 무엇인가?

대응 방식을 통제함으로써 감정을 장악하기 위해 내가 개선해야 할 점은 무엇인가?

5. 이 감정이 어떤 혜택을 주나?

내 안의 망할 놈이 주는 숨겨진 장점과 교훈은 무엇인가?

6. 자신을 고립시켜라

감정이 가라앉을 때까지 혼자 시간을 보내야 한다. 감정이 순간적으로 삶이나 다른 일들을 혼란에 빠뜨릴 수 없는 장소로 가라. 무슨 일이 있어도 내 안의 망할 놈이 혼자 열을 내다가 진이 빠지게 만들어라. 균형 잡힌 시각을 되찾은 다음 행동을 생각해보라.

7. 샌드백을 친구로 삼아라

신중하고, 당신을 판단 대상으로 삼지 않으면서도 도움을 줄 수 있는 사람을 찾아라. 그에게 "부탁인데, 고함을 질러도 될까?"라고 물어라. 그리고 떼어내라. 소리를 질러 '그 망할 놈'을 빼내

라. 그 악마를 쫓아내라. 일단 그렇게 빼내면 기분이 훨씬 더 좋아질지도 모른다.

강력한 감정을 억누르고만 있으면 공격적인 행동을 하거나 신경쇠약에 걸리거나 더 안 좋은 질병에 걸릴 수 있다.

8. 믿을 만한 조언을 들어라

같이 이야기할 수 있고, 똑똑한 조언을 해줄 좋은 친구, 고문, 멘토는 당신이 스스로의 감정에 어떻게 대응하는지에 대해 누구보다 잘 알려준다. 당신 안의 망할 놈이 외부의 망할 놈으로 변하는 모습을 본 사람들이 특히 더 그렇다.

9. 성급하거나 감정적인 결정(혹은 아무 결정)을 하기 전에 기다려라

10. 최고 전문가들의 강좌를 읽고, 듣고, 참가하라

당신이 지속적으로 도전에 직면하는 분야에서 일하는 전문가들의 도움을 적극적으로 받아야 한다. 최고의 전문가들에게 배워야 한다.

"

당신의 감정을 배출하고 관찰하고 주시하면서 '당신 안의 망할 놈'을 관리하라. 그는 당신이 아니다. 그는 변덕이 심하고 감정적인 또 다른 당신이다. 잠시 혼자만의 시간을 갖거나 믿을 만한 조언자와 이야기하면서 휴식을 취하라. 일단 감정(내 안의 망할 놈)이 가라앉은 다음 앞서 소개한 10가지 조언 중 하나 이상을 따르면 합리적이고 좋은 결정을 내릴 수 있다.

까다로운 결정을 위한
6단계

START NOW
G E T
PERFECT
L A T E R

이 책에서 나는 신속한 결정과 함께 똑똑한 결정을 내리는 노하우를 소개하고 있다. 이 책의 많은 전략을 따르더라도 살다 보면 정말로 힘든 결정을 내려야 할 때가 생긴다.

그럴 때는 지금까지 읽으면서 가장 유용하다고 판단한 의사결정 전략들을 다시 읽어라. 당신이 과거에 고심해봤거나 아니면 전혀 알지도 못했던 전략들일 수 있다. 의사결정 비례 법칙, 목록 작성 훈련, 직관 대 정보, 투자 손실 위험의 제거, 최소 노력의 법칙 부분을 다시 읽어볼 수 있다. 이 장들을 꼼꼼히 읽어봤는데도 여전히 결정이 힘들면 다음 조언을 따르라.

0. '0' 단계는 그것이 정말로 힘든 결정임을 인정하는 것이다

적절한(혹은 확실한) 답을 찾기 힘들 수 있다는 사실을 인정하라. 틀린 답조차 없을 수 있다는 의미다.

1. 정답을 찾지 말고, 주어진 환경 속에서 최적의 답을 찾아라

2. 직면한 가장 힘든 결정을 내리는 게 옳을 수도 있다

당신이 단지 힘든 결정을 내리길 원하지 않아서 결정이 힘들수도 있다. 그런데 그 안에 잠재적 답이 놓여 있을지 모른다.

3. 당신이 처한 상황에서 친구에게는 어떤 조언을 하겠는가?

다른 사람 입장에서 당신이 처한 상황을 생각해보라. 그러면 분명하고, 균형 잡히고, 배려심이 가미된 시각을 얻을 수도 있다. 이런 힘든 상황에서 당신이라면, 진정 마음을 쓰는 사람에게 어떤 조언을 해주겠는가?

4. 당신처럼 정말로 힘든 선택에 직면한 사람을 찾아보라

주변에 고통을 겪어본 사람들이 분명 존재한다. 당신이 느끼는 기분과 겪고 있는 어려움을 공개적으로 알려라. 그들이 당신과 같은 입장이었을 때 어떻게 했나?

5. 당신이 가진 '고상한 힘'을 이용하라

종교, 영성靈性, 명상, 무한한 지능 혹은 시각화에 친숙하다면 모든 신념을 다해 가지고 있는 '가장 고상한 힘highest power'을 불러내라. 답을 찾게 될 것이다.

6. 당신보다 더 힘든 결정을 내리는 사람이 많다는 걸 알아라

1990년대 방송됐던 텔레비전 프로그램 「악어 사냥꾼Crocodile Hunter」으로 유명해진 호주의 환경운동가 겸 방송인인 스티브 어윈Steve Irwin의 미망인은 남편이 위험한 일을 한다는 걸 알았다.

재클린 케네디 오나시스Jacqueline Kennedy Onassis는 위험을 감수하고 존 F. 케네디John F. Kennedy 대통령과 결혼했다. 우리보다 훨씬 더 힘들면서 결과는 아주 나쁜 결정을 내리는 사람들이 많다는 걸 기억해둘 필요가 있다.

"

당신은 가끔 정말로 힘든 결정을 내려야 할 수 있다. 이런 결정을 경솔하게 내릴 수는 없다. 이 책에서 가장 유용하다고 생각하는 의사결정 기술을 찾아서 연습한 다음에 위에 나온 힘든 결정을 내리기 위한 6단계로 이동하라. 올바른 일을 하라. 힘든 결정에 직면해본 다른 사람들을 찾아라. 가끔은 반드시 해야 한다는 걸알고 있는 힘든 일에 과감히 맞서 해내야 한다.

강점에 집중하고
흐름에 올라타라

START NOW
G E T
PERFECT
L A T E R

100퍼센트 전력을 다했다면 결정을 더 잘 할 수 있고 그 결정을 고수할 수 있다. 변덕을 부리고, 하다 말다 하면 일관성 결여 때문에 당신에 대한 사람들의 신뢰감은 줄어든다. 초지일관 전력을 다하고, 또 그런 사람으로 알려져야 당신은 올바른 결정을 더 많이 내리고 추진하는 사람이 되고, 다른 사람들이 당신을 신뢰하게 만들 수 있다.

전력을 다할 때는 포기할 때만큼 많은 에너지가 든다. 가다 서다를 반복할 때도 도전을 이겨내기 위해 전력을 다할 때만큼 많은 에너지가 든다. 완전한 자유를 찾는 순진한 사람들도 있지만 현실적으로 봤을 때 당신이 누구건 상관없이 우리 모두 상사, 자식, 배우자, 고객, 주주, 직원, 관리자, 추종자, 팬 등 누군가에 대해 전적으로 책임을 져야 한다. 그렇게 하고 싶지 않아도 어쩔 수 없이 그렇게 해야 한다.

많은 사람이 실수해도 괜찮지만 같은 실수를 되풀이하지 말라고 한다. 하지만 우리 대부분은 똑같은 실수를 되풀이한다. 우리는 똑같은 성공도 되풀이한다. 우리가 인간인 이상 어쩔 수 없다. 나이가 들수록 우리의 습관과 성격적 특성이 우리에게 더 깊숙이 배어들기 때문에 우리는 각자의 패턴을 되풀이한다.

이는 좋은 일이기도 하고 나쁜 일이기도 하다. 똑같이 나쁘고 바보 같은 실수를 되풀이하면서도 그로부터 배우지 못한다면 명백히 문제다. 하지만 이런 문제의 균형을 잡아주는 건 우리가 가진 강점의 반복적 패턴이다. 누구도 모든 일을 잘할 수 없지만, 모든 일을 못하지도 않는다. 우리는 각자의 가치와 목적을 가지고 있다. 강점에 주로 집중하고, 바꿀 수 없는 걸 바꾸기 위해서 많은 시간과 에너지를 투자하기보다는 약점은 다른 누군가에게 맡기는 게 타당하다.

나는 우리가 그동안 배운 것과 우리의 시간과 노력을 어디에 집중하고 투자해야 할지 오랫동안 고민해왔다. 우리가 진정 최고가 되기 위해 강점을 더 강화하는 데 집중해야 할까? 아니면 같은 실수를 되풀이하면서 실패하지 않게 약점을 강점으로 승화시키는 데 집중해야 할까? 나는 강점과 약점이 무엇이고, 우리가 활용할 수 있는 시스템과 사람과 재원이 무엇이고, 우리가 기쁨과 결과와 돈을 어떻게 얻느냐에 따라 집중할 부분이 달라진다고 생각한다.

내가 내린 결론은, 시간과 재원 대부분을 강점에 집중함으로써 가능한 최고가 되라는 것이다. 그다음에 중대한 약점을 만족할 만한 수준까지 개선시키는 데 약간의 시간만을 투자하기를 권한다.

약점을 고치기 위해 천문학적 비용과 시간을 투자한다고 해서 최고가 되지는 못한다. 그러는 동안 강점이 약해질 수 있기 때문이다. 결국에는 많은 일에서 보통 혹은 좀 잘하는 수준이 되더라도 어떤 일도 아주 잘하진 못하게 된다. 세계 최고의 인재 중 누구도 모든 일을 잘하진 못했다(종종 다방면에 관심이 많은 유능하고 성공한 기업가들은 예외일지도 모르겠다).

과거 나는 많은 일을 잘했지만 어떤 일도 뛰어나게 잘하지는 못했다. 그래서 궁극적으로 이전 직업과 일에서 실패했다. 내가 다방면에 관심이 많기 때문에 (지금까지) 변변치 않더라도 성공을 이뤘다. 그렇지만 이처럼 성공을 위해 노력하는 사람들 사이에서도 특히 억만장자와 변화를 주도하는 사람들은 다른 평범한 사람들이 감히 범접할 수 없는 한두 가지 엄청난 기술을 가지고 있다.

중대 약점을 만족할 만한 수준으로 개선하는 게 중요하다. 당신의 발전에 꼭 필요한 기본 기술은 기본 이상 수준이 돼야 한다. 일단 그 수준에 도달하면, 약점이라고 판단한 다른 모든 기술은 그것에 더 적합하고 뛰어난 파트너, 직원, 가상 비서, 시스템에 아웃소싱할 수 있다.

이렇게 하면 모든 기본적인 일들을 최대한으로 처리할 수 있다. 또 중대한 약점이 다른 일을 망치지 못하게 막는 동시에 약점인 분야를 다른 사람에게 맡겨 성과를 낼 수 있다. 이제 당신은 뛰어난 기술이 있고, 당신이 즐기는 분야에 대부분의 시간을 집중하면 된다. 당신은 자유로워지고, 빠르게 정상의 자리로 올라가며, 시간과 에너지와 행복감을 소진시키는 일들을 아웃소싱한다.

내가 이런 깨달음을 얻기까지 26년의 시간이 걸렸다. 내 놀라운 사업 파트너인 마크 호머Mark Homer의 덕이 컸다. 그에게 감사한다. 2006년 이후 지금까지 이어진 우리의 파트너십을 되돌아보며 분석할 기회를 가진 결과, 내가 이 일 저 일 계속해서 옮겨 다녔다는 걸 깨달았다. 나는 모든 일을 아주 빨리, 아주 잘할 수 있을 거라 생각했다. 하지만 그런 생각을 했다는 건, 더 높은 수준으로 올라가지 못하게 내가 스스로 발목을 잡은 꼴이었다.

보통 내가 가진 중대한 한 가지 약점이 내 많은(하지만 아주 하찮은) 재능이나 심지어 내가 가진 아주 뛰어난 개별적 능력을 발휘하지 못하게 막았다. 지방에서 열린 한 부동산 행사에서 우연히 마크를 만났을 때, 그가 특이한 사람이라고 생각했다. 심지어 괴상하고 기이하고 별나 보였다. 그도 나에 대해 똑같이 느꼈을 것이다.

나는 몇 달이 지나서야 그는 내가 끔찍하게 못하는 일을 엄청나게 잘할 뿐만 아니라 그런 일을 실제로 '사랑'한다는 걸 알았다. 처음에 나는 그에게 맡긴 내가 못하는 일에 또다시 내 손이 필요해진다면 그와 동업하지 않겠다고 생각했다. 그러다가 내가 그에게 좋아하는 일을 자유롭게 할 수 있게 해주고 있다는 걸 깨달았다. 나는 그가 싫어하는 일을 하고 있었다.

마크 역시 나와 똑같이 느꼈다. 우리는 서로가 가진 능력을 최대한 활용하면서 좋아하는 일을 더 많이 하고, 싫어하는 일은 더 적게 하게 해주고 있었다. 내가 싫어하는 일은 마크가, 마크가 싫어하는 일은 내가 좋아서 하고 있었다.

이것은 상당한 복합적 효과를 불러왔다. 이런 분업이 완벽하다고 주장하려는 건 아니다. 동업이나 아웃소싱에는 많은 도전이 뒤따른다. 하지만 우리에게는 혼자서 했을 때보다 10배가 아닌 100배 이상 더 성장할 수 있는 공식이었다. 우리 중 누구도 바뀔 필요가 없었다. 지금 우리 모습에 편하게 머무르며, 우리는 진정 해방감을 느낀다.

우리는 모두 서로를 최대한 활용할 수 있다. 나는 마크에게 내가 걱정하는 일을 전부 하도록 허용하며 그 일을 맡겼고, 그 덕에 단잠을 잘 수 있게 됐다. 대신에 나는 마크를 욕하고 비난하는 사람들을 상대하고, 그를 그들로부터 지키고 있다.

"

당신의 시간 대부분을 강점을 키우는 데 집중적으로 쏟고, 중대한 약점을 만족할 만한 수준 정도로만 끌어올리는 데는 약간의 시간만 투자하라. 그리고 나머지 일은 아웃소싱이나 동업을 통해서 해결하라. 당신이 서툰 일은 당신이 뛰어난 일에 의해 균형이 맞춰진다. 본연의 모습을 유지하는 게 가장 좋다. 당신의 성격 대부분이 이미 형성된 상태인 이상 자신을 완전히 바꾸려고 애쓰기보다는 그런 흐름에 편승하는 게 현명하다.

약속의 5가지 법칙

START NOW
G E T
PERFECT
L A T E R

약속은 무심코 내뱉은 말과는 차원이 다르다. 약속을 아주 진지하게 받아들여라. 당신이 약속할 때 사람들은 당신을 믿는다. 약속은 당신의 가치에 대한 평가다. 당신의 약속(지켜진 약속)은 신뢰, 신용, 호의, 자산, 대출 자격, 추천, 평판이 좋아 공유할 가치가 있는 브랜드를 만든다.

당신이 반드시 약속을 지키는 사람이라면 약속을 어길 경우 스스로가 실없고, 신뢰할 수 없고(당신이 괜찮은 사람이더라도) 실망스러운 사람처럼 여겨진다. 의도하지 않았더라도 누군가는 당신이 약속을 지키리라고 믿었을 수 있다. 약속을 어김으로써 당신은 당신을 믿는 사람을 아주 힘든 상황에 처하게 만들 수 있다. 작은 일이 큰일로 이어질 수 있기 때문에 약속 파기, 뒤늦은 취소, 바람맞히기 등은 훨씬 더 큰 문제로 연결될 수 있다. 작은 약속으로 시작한다면 더 큰 약속을 할 수 있는 당신의 '약속 근육'이 커진다.

아무리 힘들고, 하고 싶은 마음이 들지 않더라도 옳다고 생각하는 일을 하는 게 중요하다. 다루기 힘든 감정, 에너지와 열정 부족, 성급함은 모두 당신이 약속을 저버리라고 유혹할지 모른다. 다음은 당신이 약속을 지킬 수 있게 적절한 순간 적절한 결정을 더 잘 내릴 수 있는 방법이다. 뿌린 대로 거두는 법이다.

1. 무리한 약속이나 너무 성급한 약속을 하지 마라

약속을 따져볼 시간을 가져라. 무작정 약속하지 마라. 죄책감 때문이나 아니면 누군가를 실망시키고 싶지 않다는 이유로 약속하지 마라. 약속을 계속 지키고, 곤란한 처지에 빠지지 않으려면 신중하게 약속해야 한다. 열정적으로 관심을 갖거나 할 줄 알거나 해야만 한다고 판단되는 일에 대해 약속하라.

2. 당신이 어떻게 느낄지, 그리고 나중에 어떻게 될지 생각하라

일반적이고 쉬운 약속보다 중대한 약속을 지키면 나중에 기분이 훨씬 더 좋다. 고진감래苦盡甘來다. 따라서 약속을 어기고 싶은 유혹을 받을 때 나중에 어떤 기분이 들지 생각해보고, 그 기분을 미리 느껴보려고 애써봐라. 그리고 약속을 지켜서 기분이 아주 좋을 땐 자신을 격려하라. 자신에게 좋은 말을 해줘라. "힘들었지만 네가 해냈어. 그래서 넌 지금 기분이 완전 좋아."

이런 훈련을 통해 당신은 심지어 더 중대한 약속과 씨름하며 즐기게 된다.

3. 약속한 이유를 알아라

가끔 우리는 많은 일들을 하겠다고 약속하지만 왜 처음에 그런 약속을 했는지를 잊어버린다. 우리는 열정과 방향을 상상하다가 포기할 수도 있다. 어떤 약속이건 취소하기 전에 왜 애초에 그런 약속을 했는지 생각하라. 도전을 참아내게 도와주는 긍정적인 면이 무엇인지를 떠올려라.

4. 다른 사람들(그들의 시간과 느낌)을 존중하라

다른 사람들의 시간과 당신 시간의 가치는 동일하다. 스스로의 시간을 존중하고 지키고 싶은 만큼 타인들의 시간을 존중하라. 모두가 우선순위와 매일 '할 일' 목록을 가지고 있다. 당신이 어떤 일들을 해주겠다고 했다가 취소하면 그들의 일상과 인생은 혼란에 빠진다. 그건 정당하지 않다. 사람들이 당신 일정을 망치기를 원하지 않을 것이다. 다른 사람들의 일정도 망쳐서는 안 된다.

5. 자책하지 말고 갚아줘라

당신이 나쁜 사람이라서 약속을 깨는 건 아니다. 이런 일이 생겼다고 지나치게 자책하지 마라. 약속을 어겼다면 친절하고 관대한 행동을 하거나 열심히 노력해 손상된 당신의 평판과 신뢰성을 회복해야 한다. 원래 약속한 수준을 넘어 더 많이 베풀고, 더 많은 일을 해야 한다.

이런 노력은 당신의 평판을 회복시키고, 좋은 사람이 되기 위한 당신의 여행을 지원해준다. 약속을 망쳤을 때 더 관대해져라. 그러면 사람들에게 더 많은 환심을 살 수 있다. 사람들은 당신에게 일어난 일이 아니라 그들에게 중요한 일에 당신이 어떻게 반응하는지를 중시하기 때문이다.

"

신중하게 전략적으로 약속하라. 약속한 이유에 집중하라. 약속은 당신의 브랜드, 평판, 호의, 자산, 대출 자격, 그리고 궁극적으로 신뢰이기 때문에 그것을 지켜야 한다. 흔들리면 약속한 이유를 다시 상기해라.

당신은 뭘 해야 하는지
알고 있다

START NOW
G E T
PERFECT
L A T E R

알고도 행하지 않는 건 모르는 것과 같다. 당신은 항상 뭘 해야 하는지를 안다. 그런데 왜 하지 않는가? 행하는 데는 새로운 정보나 비밀이나 멋진 기술이 필요하지 않다. 그저 서둘러서 일단 해 보면 된다.

1. 고민만 하지 말고 실행하라

지나치게 오랫동안 할 일을 고민하다 보면 종종 그 일을 아예 안 하게 된다. 과하게 고민하거나 일의 크기에 압도당해선 안 된다. 미루지 말고 작게 시작하라.

2. 모든 집중 방해 요인을 제거하고, 스스로를 고립시켜라

일을 완수하는 데 필요한 재원을 확보했는지 확인하라. 집중에 방해가 되는 모든 것들을 제거하라. 서둘러야 한다.

3. 빈 공간에서 벗어나라

엉거주춤하지 마라. 무인지대에서 벗어나라. 지금 결정하라. 뭔가를 결정하라. 그러면서 더 나은 방향으로 결정을 개선하라.

4. 일찍 시작해서 성공하라

포기할 마음을 먹을 기회조차 없도록 최대한 빨리 시작하라. 일단 시작하라. 일어나거나 준비가 된 순간 곧바로 시작하라. 가장 크고 중요한 일부터 시작한 뒤 맹렬히 매달려라. 아무것도 안 하고 빈둥대면서 자잘한 일을 챙기는 행동을 그만둬라.

5. 힘들고 어려운 일부터 먼저 처리하라

힘들고 어려운 일부터 공격하라. 힘든 결정을 내려라. 미뤄왔던 일을 하라. 힘든 일을 처리하면 기분이 아주 좋아지고, 다른 일에도 탄력이 붙는다. 힘든 일 때문에 걱정하고 괴로워하지 마라. 그래봤자 시간과 에너지만 더 소비될 뿐이다.

6. 뒤돌아보지 마라

일단 결정을 내린 이상 앞만 바라봐라. 뒤늦게 후회하거나 놓친 다른 결정을 쳐다보지 마라. 혹은 다른 사람도 쳐다보지 마라. 일단 전력을 다하기로 했다면 이제 계속 집중하면 된다.

7. 추가 의견을 구하지 마라

충분하다! 당신은 이미 의견을 구했다. 당신은 할 일을 알고 있으므로 집중력을 높일 수 있게 다른 사람들의 의견과 영향력을 줄임으로써 자신의 결정을 단순화시켜라.

8. 말하지 마라. 변명하지 마라. 서둘러 일단 해봐라

"

할 일을 알고 있다면 이 짧지만 날카로운 지적이 담긴 장에 나온 여덟 가지 방법 중에 하나 이상을 따라서 해봐라. 일단 가서 해봐라.

올바른 결정을 만드는
통제력을 길러라

START NOW
G E T
PERFECT
L A T E R

결정을 내리는 것보다 결정을 '올바르게' 내리는 데 무게를 둬야 한다. 좋은 결정도 잘못된 행동 관리로 나쁜 결정으로 변질될 수 있다. 반대로, 나쁜 결정도 지속적인 좋은 결정과 올바른 행동으로 좋은 결정으로 변할 수 있다.

당신이 어떻게 결정할지 애매한 상태라면 올바른(혹은 틀린) 결정을 할 가능성이 반반이다. 어떤 결정을 내리는지는 그다지 중요하지 않다고 주장할 수도 있다. 일단 결정을 내렸다면 집중하고, 우선순위를 정하고, 그것을 끝내는 작업에 착수한다. 그야말로 모든 결정은 다른 결정으로 이어지기 때문에 맨 처음 한 결정은 먼 기억 속 이야기로 남는다. 그리고 당신은 원하는 결과에 더 다가

가기 위해 좋은 결정을 할 기회를 계속해서 얻는다.

플랜 B를 준비해놓으려고 애쓸 필요는 없다. 플랜 B를 마련해놓으면 기댈 곳이 생기고, 그러면 당신은 플랜 A를 향해 100퍼센트 전력을 다해 집중하지 못하게 된다. 대부분의 잘못된 일들은 올바르게 고칠 수 있다. 일단 1차적으로 착수 결정을 내린 이상 뒤를 돌아보면 전진할 수 없다. 앞으로 실패해야 한다고 해도 앞만 보고 나아가라.

길을 찾을 수 있다고 믿어야 한다. 누군가가 그럴 수 있다면, 당신도 해낼 수 있다. 결과에 대한 신념과 그곳으로 가는 길을 찾을 수 있는 능력에 대한 믿음이 과거에 내린 좋고 나쁜 결정보다 항상 더 중요하다. 당신에겐 결정을 올바른 결정으로 만들 수 있는 힘과 통제력이 있다.

지금 내가 말하는 사람이 누구인지 추측해봐라.

☐.   21세에 사업에서 실패했다.

☐   어머니와 여동생이 사망했다.

☐   22세에 주의원 선거에서 낙선했다.

☐   24세에 다시 사업에서 실패했다.

☐   신경쇠약증에 걸려 6개월 동안 병원에 입원했다.

☐   애인이 26세에 숨졌다.

- ☐ 파산했다.
- ☐ 첫째 아들이 4세 때 숨졌다.
- ☐ 27세에 신경쇠약증에 걸렸다.
- ☐ 34세에 의회 선거에서 낙선했다.
- ☐ 36세에 의회 선거에서 낙선했다.
- ☐ 둘째 아들이 12세 때 숨졌다.
- ☐ 45세에 상원의원 선거에서 떨어졌다.
- ☐ 47세에 부통령이 되려고 했지만 실패했다.
- ☐ 47세에 상원의원 선거에서 떨어졌다.
- ☐ 52세에 미국 대통령에 당선됐다.

미국의 제16대 대통령 에이브러햄 링컨 Abraham Lincoln(재임 1861~1865)이다.

링컨은 위대한 사람이었다. 지독히 불운했고, 주변에서 끔찍한 일들이 계속 일어났지만 그는 자신의 꿈을 좇고, 모든 필요한 행동과 힘든 결정을 하기로 결정했다. 나는 링컨이 보여준 인간 정신을 진심으로 존경한다.

이번에는 '모든 역경에 맞서' 결정했지만 그 결정을 올바르게 만든 또 다른 사람을 소개하겠다. 당신도 누구인지 짐작할 수 있을 것이다.

- □ 8세 때 어머니가 그녀를 버리고 떠났다.
- □ 감자 자루로 만든 치마를 입고 다녀 학교에서 놀림을 받았다.
- □ 9세 때 강간을 당했다.
- □ 가족의 친구, 삼촌, 사촌으로부터 성추행을 당했다.
- □ 집에서 일어난 성적 학대를 참지 못해 가출했다.
- □ 14세 때 임신했다.
- □ 첫째 아들은 태어난 직후 숨졌다.
- □ 지방 흑인 라디오 방송국에서 파트타임 뉴스 진행을 맡았다.
- □ 최연소 뉴스 앵커이자 최초의 흑인 여성 뉴스 앵커가 되었다.

이후 그녀는 마이클 잭슨을 인터뷰했다. 이 인터뷰는 역사상 세 번째로 높은 시청률을 기록했다. 그녀는 교육 사업에 45억 원 이상 기부하면서 아프리카계 미국 여성 최초로 가장 큰 금액을 기부한 인사 50인 명단에 이름을 올렸다. 자기 이름을 딴 방송국이 생겼고, 현재 재산이 4조 원에 달하는 것으로 알려져 있으며, 그녀의 이름을 딴 '오프라 윈프리 도로Oprah Winfrey Way'도 있다.

대단하지 않은가? 링컨과 마찬가지로 오프라 윈프리도 힘든 결정을 내렸고, 극도의 고난을 헤치고 오늘날 지구상에서 가장 많은 영감을 주는 사람 중 한 명이 되었다. 셰릴 샌드버그Sheryl Sandberg 페이스북 최고운영책임자COO는 믿기 힘들 만큼 큰 성공을 거뒀을 때 남편을 잃었다. 당시 남편의 나이는 불과 47세였다. 샌드버그는 이때 겪은 슬픔을 계기로 다른 사람들이 역경과 상실을 이겨내게 돕기로 결정했다.

"

어떤 결정을 내리건 그것에 집중해서 올바로 만들어라. 앞으로 힘든 시간이 닥치겠지만 우리에게 영감을 주는 많은 사람도 정말로 힘든 시간을 이겨내고 위대한 성공을 거두었다. 여러 도전에 맞서 결정하고, 그 결정에 재원과 집중을 쏟아야 목표로 한 모든 걸 이룰 수 있다. 당신은 올바른 결정을 할 수 있고, 또 할 것이다.

최소한의 저항을 받는 행동 법칙

START NOW
G E T
PERFECT
L A T E R

어떤 결정이건 보통 다른 모든 행동을 뛰어넘는 한 가지 올바른 행동이 있다. 자신과 자신의 직관을 믿었을 때 최소한의 의식적 노력만으로도 자연스럽게 이런 행동을 할 수 있다. 디팩 초프라는 이것을 '자발적인 올바른 행동Spontaneous Right Action'이라고 불렀다.

"무한히 많은 선택 중에 매초마다 당신과 당신 주위 사람에게 행복을 선사하는 선택은 단 한 가지다. (…) 자발적인 올바른 행동은 적절한 때에 취하는 적절한 행동이다. 이것은 일어나는 모든 상황에 대한 적절한 대응법이다."

이런 결정적인 상태에서 당신의 생각과 행동은 우주의 법칙과 완전히 일치한다.

> "이런 행동을 '올바른' 행동이라고 하는 이유는, 그것이 시간과 환경에 적합하고, 모든 창조 단계에서 진화를 지원해주기 때문이다. '자발적'이라고 한 이유는, 취할 행동을 결정하기 전에 시간과 공간 속에서 미칠 수 있는 모든 가능한 영향을 의식적으로 계산하고 신경 쓸 필요가 없어서다."

당신이 의식적으로 하루에 3만 5,000회의 결정을 평가해야만 한다고 상상해보자. 누구도 그렇게 하지 못한다.

자연스럽고, 자발적이고, 직관적인 행동을 하고 싶은 충동은 논리적으로는 설명이 안 된다.

> "사람은 자연과 조화를 이루는 행동을 자동적으로 생산하는 무한한 의식 속에서 움직이면서 자연스럽고 쉽게 행동할 뿐이다."

나는 우리 모두가 이처럼 '자연스러운' 의사결정 능력을 가지고 있다고 믿는다. 사람들은 그런 능력을 '직감 믿기', '마음 가는 대로 하기', '무한 지능' 등으로 부른다. 그것은 우리 모두가 지닌 감각이다. 나는 또한 당신이 자신을 더 많이 신뢰하고 믿음으로써 '자발적인 올바른 행동'을 하고, 그것에 따를 수 있는 능력을 향상시킬 수 있다고 믿는다. 의심과 논쟁과 비판적 분석은 '자발적인 올바른 행동'을 막을 수 있다.

나는 살다가 몇 가지 실수를 저질렀지만 '자발적인 올바른 행동'에 대한 내 감각을 믿었을 때는 그런 적이 없었다. 군중 사이를 헤집고 리버풀 축구 경기를 보러 걸어가다가 땅바닥에 떨어진 30만 원 정도의 현금 뭉치를 발견한 적이 있다. 그것을 집어 들자 내 두뇌는 내가 내릴 수 있는 모든 결정과 그 돈을 내가 가져도 된다는 당위성을 열심히 찾기 시작했다. '누가 알겠는가?' 너무 분주한 상황이었다. '내가 이 돈을 누구에게 갖다줄 시간이 있을까?' 나는 절대 경기를 놓치고 싶지 않았다.

피터버러 퀸즈게이트 쇼핑센터에서 일어난 또 다른 사건을 이야기해보겠다. 사람들로 북적대는 토요일 오후였다. 몸에 문신을 한 덩치 크고 힘이 세 보이는 한 남자가 이성을 잃은 것처럼 한 소년의 이름을 고래고래 소리쳐 부르고 있었다. 하지만 사람들은 모른 척 지나가고 있었다. 나도 할 일이 있어 쇼핑센터에 갔기 때문에 그냥 지나칠 수 있었다. 그가 만일 사람들을 위협하고 있었다면 어땠을까?

논리는 바르고 참된 인식을 얻기 위해 사고 작용이 밟는 과정
이다. 논리는 보통 유효하지만 더 심오하고 본능적인 결정을 내리
는 데는 그다지 유효하지 않다. 당신이 무한한 결정 가능성을 믿
고 경청했을 때 '자발적인 올바른 행동'을 신속히 할 수 있다. 또
그로 인해 강력하고 분명하게 집중한다. 이때 꾸물대거나 압박감
을 느낄 기회는 없다. 당신이 더 영적으로 변하는 경향이 있든, 혹
은 더 비판적인 사고를 하든, 우리 모두는 해야 할 올바른 일과 관
련해 선천적인 감각을 가지고 있다. 우리는 단지 자연스러운 올바
른 행동에 대한 거부감에서 벗어나면 된다.

리버풀 경기 시작 전에 주운 돈을 매표소에 갖다 주니 기분이
정말 좋았다. 그 돈을 내가 가져도 아무도 몰랐겠지만, 내 결정은
옳았다.

쇼핑센터에서 문신을 하고 소리를 지르는 한 남자를 봤을 때
진짜 겁이 났다. 동시에 내 배우자가 우리의 첫째 아이 출산을 앞
두고 있어, 아이를 잃어버린 그의 고통을 생생하게 느낄 수 있었
다. 나는 그가 잃어버린 아이가 게임장에 있을지 모른다고 직감
하고, 가장 가까운 게임장으로 가서 새로 출시된 게임을 물끄러
미 보고 있는 한 어린 소년을 발견했다. 소년은 불안하고 걱정스
런 표정이었다. 내가 소년에게 아버지를 잃어버렸는지 묻자, 소년

은 울음을 터뜨렸다. 나는 소년의 손을 잡고, 쇼핑객들을 헤치고 아버지한테 데려다줬다. 아버지와 아들은 서로를 보자 울며 꼭 껴안은 상태로 한참 서로를 놓지 않았다. 이어 두 사람은 나를 붙잡더니 내가 경험해보지 못했던 격렬한 포옹을 해줬다. 마침내 나를 풀어준 그들은 400번 정도 감사의 마음을 전했다. 집에 돌아온 뒤에는 정말 기분이 좋았다. 그리고 '자발적인 올바른 행동'의 가치를 확신했다.

"

'자발적인 올바른 행동'은 자연이 최소한의 저항만 받고 자연스러운 결과를 만들 수 있게 해주는 자연스러운 올바른 행동(무한한 가능성에서 나오는)이다. 이런 행동은 논리보다 자기 자신과 자연에 대한 직관과 믿음에 더 많이 의존한다. 그것은 항상 당신 안에 있기 때문에 당신은 그것을 느낀다. 또한 이 행동은 최소한의 노력만을 요구한다.

위대한 혁신가와
리더의 공통적 자질

START NOW
G E T
PERFECT
L A T E R

우주에는 무한한 해결책만큼이나 질서와 혼란의 '끌어당김' 사이에 균형을 잡으면서 해결해야 할 무한한 문제가 존재한다. 문제를 대부분의 사람들이 생각하는 것처럼 방해물과 난관으로 여길 수 있다. 반면에 실수를 해결책에 더 가깝게 다가가는 길로 볼 수 있듯, 문제도 해결책으로 향하는 자연스러운 길로 간주할 수 있다.

나는 문제나 도전적인 상황의 긍정적인 면을 보려고 애쓰거나, 혹은 반대로 열심히 해결하기보다는 그것이 없어지기를 바랄 때 전형적인 괴짜 컴퓨터 전문가를 상상해보길 좋아한다. 그는 심오한 문제를 파고들기 좋아하는 사람이다. 큰 도전일수록 그걸 해결하면서 더 많은 재미를 느낀다. 그에게 잠은 불필요하다!

해독제나 질병 치료제 개발에 몰두하는 과학자도 상상해본다. 그는 개발을 포기한 뒤 노력해도 소용이 없다면서 "이게 뭐야. 아무 소용이 없잖아. 정말 싫다. 망했어. 난 집에 간다"라고 소리치지 않는다.

문제 해결을 위해서는 기술만큼 사고방식이 중요하다. 처음에는 누구도 문제 해결 방법을 모른다. 그걸 알면 문제는 '문제'가 아니라 '해결책'이 된다. 아무리 똑똑하거나 경험이 많더라도 우리 모두(장인이건 완전한 실패자건, 초보자건 승자건, 스티브 잡스건 실업자건) 같은 수준의 출발 지점에서 문제로 뛰어든다. 태도가 당신의 (문제 해결) 능력만큼 중요하다.

문제를 봤을 때 보이는 가장 극단적인 두 가지 반응을 소개하면 이렇다.

시나리오 A: 희생자 반응

"졌다. 왜 하필 나지? 당했다. 문제가 없어지면 좋겠다. 외면하고 싶다. 고통스럽다."

시나리오 B: 도전자 반응

"덤벼. 해보자. 난 할 수 있다. 이번이 기회다. 해결책을 찾을 수 있다. 나는 도전이 좋다."

대부분의 사람들은 시나리오 A처럼 행동하기 때문에 사회에서 문제 해결자들의 가치가 극적으로 높아졌다. 크고 의미 있는 문제를 해결하는 사람은 리더가 되고, 신뢰와 팬과 추종자를 얻는다.

많은 경우 이런 문제 해결자였다가 리더가 된 사람은 다른 사람들도 문제 해결자이자 리더가 되도록 동기와 영감을 불어넣는다. 사회에서 당신의 가치, 당신이 남기는 유산, 당신이 올리는 부와 성공은 모두 계속해서 해결해나갈 문제들의 크기와 발생 빈도, 양, 의미와 직접적으로 관련된다.

모든 유의미한 발명품, 치료법, 기술, 사회 발전을 분석해보면 그들 모두 처음엔 창조자와 혁신가가 도전으로 여겼던 문제투성이였음을 알 수 있다. 창조자와 혁신가는 계속 정진하다가 가끔 뜻밖의 행운이나 개입을 접했다. 또 가끔은 대성공을 거둘 때까지 검토, 수정, 반복을 되풀이했다. 과학과 의학 개발 과정 도중 숨지는 사람이 나오기도 했다.

심장 박동 조율기는 초기 개발 당시에는 집 전력을 사용하면서 외부에 놓고 써야 하는 부피가 큰 장치였다. 당시에는 배터리 기술이 충분히 발달하지 않았다. 오랜 시간과 발전적인 문제 해결 노력 끝에 윌슨 그레이트배치Wilson Greatbatch가 심장 박동 조율기 소형화에 성공했다.

윌슨은 끈기, 투지, 그리고 성과가 없던 해결책을 찾아낼 때마다 진정한 해결책에 한 걸음씩 더 다가갈 수 있다는 믿음이 자신의 성공 비결이라고 말했다. 그는 "10번 중 9번은 실패했다"라면서도 "10번째 성공이 앞의 9번의 실패를 보상해줬다"라고 강조했다. 그가 문제를 '문제'가 아닌 '해결책'으로 불렀다는 사실도 기억해둘 만하다.

위대한 기업, 혁신가, 리더는 대중의 삶을 더 쉽고, 빠르고, 훌륭하고, 편리하게 만들어주는 문제 해결을 지속한다. 천재가 필요한 게 아니라 문제를 수용하고, 해결하고, 즐기는 태도가 필요하다. 문제 해결자가 세상을 지배한다. 나머지 사람들은 그가 자신들의 문제를 해결해주리란 기대감과 믿음과 고마움을 가지고서 따른다. 그리고 그들은 그가 찾아낸 해결책에 대가를 지불한다.

"

의미 있는 문제를 해결하기 위해서 반드시 천재가 될 필요는 없다. 기술보다 사고방식이 더 중요하다. 문제 해결 태도가 해결 능력을 결정한다. 해결할 문제는 무한하므로 해결책도 무한하고, 문제는 해결책에 내재되어 있다. 맹렬히 시작하라. 일어나서 큰 문제 해결에 나서라.

그러면 당신의 가치와 자존감이 올라간다. 아
울러 다른 리더에게 영감을 주는 위대한 리더
가 될 것이다. 문제 해결자가 세상을 지배한다.

시간을 장악하는
WISLR 법칙

START NOW
G E T
PERFECT
L A T E R

반복해서 시작하고 결정해야 한다면 중복해서 사용하는 시간, 낭비하는 시간이 늘어난다. 교훈, 시스템, 최고의 관행을 추진하고 실천해야 이후 결정과 행동이 더 쉽고, 빠르고, 직관적으로 변한다. 각 결정은 지금 적절한 일을 할 수 있는 기회이자 미래에 그런 일을 더 잘할 수 있는 투자다.

지금부터 시간 활용 방법을 크게 다섯 가지로 나눠서 설명하겠다. 나는 이 다섯 방법에 해당하는 영어 단어 첫 글자들을 따서 기억하기 쉽게 WISLR이라고 부르려고 한다.

☐ 낭비하지 마라Don't Waste

- ☐ 투자하라 Invest
- ☐ 써라 Spend
- ☐ 레버리지하라 Leverage
- ☐ 회복하라 Recover

낭비하지 마라

◇◇◇

시간이라는 이 귀하고도 제한적인 재원을 최소한으로 낭비하면서 써야 한다. 혼란, 꾸물거림, 논쟁, 주장, 중복, 입장 옹호, 변명, 비난, 정당화, 관심 모색은 모두 당신의 시간과 에너지를 소진시킨다. 이런 행동들을 최대한 가차 없이 줄여라.

투자하라

◇◇◇

중장기적으로 지속적 혜택을 주는 자산 축적에 시간을 투자하라. 한 번 시간을 '썼다면', 그로 인해 영원히 '수입'을 올리게 하라. 이것은 안정, 자유, 부, 레버리지를 주는 시간이다. 부동산, 주식, 사업, 시스템, 정보, 지식재산권, 리더십, 교육, 직원 채용, 아웃소싱, 사랑하는 사람과 보내는 시간, 자선 활동, 그리고 당신의 가치에 맞는 어떤 일에나 시간 투자가 가능하다.

써라

◇◇◇

사용 방법에 따라서 쓴 시간의 값어치가 달라질 수 있다. 당신은 사랑하는 사람이나 똑똑한 사람과 함께하는 데 시간을 쓸 수 있다. 좋아하는 일을 하면서 멋진 삶을 살 수도 있다. 혹은 몇 시간 인터넷을 하거나 싫은 일에 영혼을 팔면서 시간을 쓸 수도 있다. 주의 깊고 현명하게 시간을 써라. 낭비 시간을 최소한으로 줄이고, 투자 시간을 최대한으로 늘려라.

레버리지하라

◇◇◇

레버리지는 더 짧은 시간 안에 더 많은 일을 처리하고, 비즈니스를 위해 타인을 활용하고, 끊임없이 열심히 일하는 희생의 규칙을 깨뜨리고, 관습에 의문을 제기하고, 중복과 시간 낭비를 배제하며 높은 수준의 성취를 얻는 새로운 부의 공식이다. 레버리지한 시간은 지속적이고 반복적인 혜택을 준다. 당신이 일하지 않아도 돌아가도록 업무 공정을 자동화시킨 시스템이나 과거에 쓰거나 제작해놓은 책이나 팟캐스트, 직원, 외주 작업자, 혹은 심지어 크리스마스 캐럴 저작권 수익 1위(영국 밴드 슬레이드Slade가 부른 〈메리 크리스마스 에브리바디Merry Christmas Everybody〉)가 시간 '레버리지'의 사례다.

회복하라

◇◇◇

회복 시간은 재충전, 계획 수립, 생각, 공간 창출, 관찰, 보정, 그리고 삶에 색깔과 의미를 주는 모든 것을 들이마시기 위해 쓰는 시간이다. 전략, 기획, 목표 설정, 휴가, 사랑하는 사람과의 데이트, 취미, 명상, 넷플릭스 시청, 수면에 쓰는 시간도 회복 시간이다. 마흔을 앞두고 있는 나 역시 회복 시간을 더 중요하게 여기게 되었다.

"

인생은 짧다. 우리는 예상보다 빠르게 이 세상

을 떠난다. 그러니 인생을 낭비하지 마라. 인생을 소중히 여기고 지켜라. 낭비를 줄이고, 원할 때 마음에 드는 곳에서 사랑하는 사람과 좋아하는 일을 더 많이 할 수 있게 레버리지하는 시간을 늘리기 위해 WISLR을 기억하라.

당신에게는 세상이 필요로 하는 뛰어난 능력과 재능이 있다

무엇을 이루지 못하겠는가?

어디를 가지 못하겠는가?

무엇을 후회할 수 있겠는가?

누구를 사랑하지 못하겠는가?

어떤 사람이 되지 못하겠는가?

무엇을 남기지 못하겠는가?

서둘러 몇 가지 결정을 내리지 않는다면, 여생을 고민하며 살아가더라도 모두 답을 찾지 못할 수도 있는 질문들이다. 약간의 고통을 유발해 스스로 전력을 다하도록 자극하려고 '지금 시작하고 나중에 완벽해지지 않아' 할 수 없었던 모든 일들을 살펴보고자 미래를 들여다본다고 해서 문제될 건 아무것도 없다.

내가 수많은 책을 읽고 기업가들을 만나며 찾아낸 빠른 결단을 이끄는 법칙은 다음과 같다.

1. 더 적은 시간에 더 많은 일을 끝내라.
2. 지나치게 고민하고 뒤늦게 후회하는 시간을 줄여라.
3. 전반적인 자신감을 높여라.
4. 더 좋은 부모나 배우자가 돼라.
5. 이상적인 파트너를 찾아라.
6. 적절한 사람들(직원, 친구, 파트너)과 어울려라.
7. 사랑하는 일을 더 많이 할 수 있는 시간을 내라.
8. 더 빠르게, 직관적으로, 더 좋고 크고 힘든 결정을 내리는 훈련을 반복하라.
9. 마음을 진정시키고 스트레스와 걱정을 줄여라.
10. 몸과 마음의 건강을 유지하라.

영국에서 호스피스 간호사로 다년간 근무한 호주 간호사 브로니 웨어Bronnie Ware는 말기 환자들이 세상을 뜨기 전에 후회하며 남긴 말들을 정리해 『내가 원하는 삶을 살았더라면Top Five Regrets of Dying』이라는 책을 썼다. 웨어는 살아온 나날을 후회하며 죽어가는 사람들의 모습을 지켜보며, 그들이 주로 다음 다섯 가지를 후회한다는 것을 알았다.

□   다른 사람이 나를 어떻게 생각하는지에 신경을 덜 썼더라면

□   지나친 걱정을 하지 않았다면

□   나 자신을 더 잘 돌봤다면

□   인생을 당연한 것으로 여기지 않았다면

□   현재에 충실하며 살았다면

웨어에 따르면 그들은 다음과 같은 후회도 털어놓았다.

□   다른 사람이 아닌, 내가 원하는 삶을 살았더라면

□   내가 그렇게 열심히 일만 하지 않았더라면

□   내 감정을 표현할 용기가 있었더라면

□   친구들과 계속 연락하고 지냈더라면

□   나 자신에게 더 많은 행복을 허락했더라면

후회를 한다는 게 가장 나쁜 후회할 일인지도 모른다. 할 수 있고, 이룰 수 있었지만 그렇게 못 했던 일과 될 수 있었지만 되지 못한 사람에 대한 후회 말이다. 나는 당신을 놀라게 만들기보다는 당신이 충격을 받아 행동하고 결정하기를 바라면서 이 이야기를 하고 있다.

1년에 한 번 '후회 시험 Regret Test' 연습을 해볼 만하다. 미래로 가서 침대 옆에서 보는 입장이 되어 당신 생의 마지막 모습을 지켜보라. 어떤 생각이 들까? 그것을 적고, 자주 쉽게 참고할 수 있게 서류로 정리해놓아라. 또한 반드시 매 순간 훗날 최대한 적게 후회하게 만들 결정과 행동을 하면서 살아라.

"당신이 우주의 구성원이고, 자연에서 태어났음을 깨닫고, 가진 시간이 제한됐다는 걸 알아야 할 시간이 됐다."

마르쿠스 아우렐리우스 (121~180),
로마 황제

눈 깜짝할 사이에 내 나이가 마흔에 가까워졌다. 인생의 반환점이 다가왔다. 나는 10대 후반과 20대 초반의 시간 대부분을 빈둥거리면서 보냈다. 지금 생각해보면 후회는 없다. 그때 깨달은 교훈이 지금 내가 이 자리에 올 수 있게 해주었기 때문이다. 하지만 나는 다시는 황무지에서 보낸 그 7년으로 돌아가지 않을 것이며, 당시 경험을 내 발전의 원동력으로 삼고 있다.

당신이 겪고 배우고 접한 후회, 교훈, 도전을 본래 되려고 했던 사람이 될 수 있는 동기로 삼기를 바란다. 당신에겐 세상이 필요로 하는 뛰어난 능력과 재능이 있다. 사람들은 길을 잃었다. 그들에게는 당신의 안내가 필요하다. 사람들을 위해 원래 되려고 했던 사람이 돼라. 그래야 그들도 되고 싶은 사람이 될 수 있다. 사람들에게 빛을 비춰라. 그리고 길을 인도하라.

미국의 저명한 심리학자인 데이비드 리버만David J. Lieberman은 행복을 "의미 있는 목적을 향한 지속적인 전진"이라고 말했다. 휴식과 놀이만 우리를 행복하게 만들지는 않는다. 힘들고 끔찍한 일이나 프로젝트를 끝낸 뒤 엄청난 안도감을 느꼈을 때가 살면서 가장 행복했던 순간일지 모른다. 장시간 쌓거나, 창조하거나, 집필하던 모든 일들이 마침내 '실현'됐을 때나 오랫동안 만나지 못했던 가족이나 사랑하는 사람을 만났을 때도 마찬가지다.

도전을 이겨내며 성장하라. 더 중요하면서 의미 있는 문제를 해결하고 있다는 걸 인지하면서 더 크고 힘든 결정을 내리면서 행복을 찾아라.

이 책이 도움이 되길 바란다. 당신의 건강, 부, 행복, 결단력이 계속해서 좋아지길 진심으로 기원한다.

"

사람들은 실행보다 말이 앞서는 경향이 강하

다. 시작하기에 너무 늦지 않았다. 하지만 기다리기엔 항상 너무 늦었다. 알면서도 하지 않는다는 건 모르는 것과 같다. 그러니 일단 해봐라. 지금 시작하고 나중에 완벽해져라.

START NOW

GET

PERFECT

LATER

옮긴이 이진원

홍익대학교 영어영문학과를 졸업하고, 서울대학교 대학원에서 영어영문학 석사 학위를 취득했다. 《코리아헤럴드》 기자로 언론계에 첫발을 내딛은 후 IMF 시절 재정경제부(현 기획재정부)에서 한국경제 대외홍보 업무를 맡아 장관상을 수상했다. 이후 로이터통신으로 자리를 옮긴 후 거시경제와 채권 분야를 취재했고, 국제 경제뉴스 번역팀을 맡았다. 비즈니스 분야의 전문번역가로도 활동하면서 『머니』 『어떻게 팔지 답답할 때 읽는 마케팅 책』 『에릭 슈미트 새로운 디지털 시대』 『원하는 것이 있다면 감정을 흔들어라』 『경제를 읽는 기술』 『미래 기업의 조건』 『디지털 네이티브』 『구글노믹스』 등 80여 권의 책을 번역했다.

자수성가 백만장자들의
압도적 성공 비밀

결단

초판 1쇄 발행 2019년 4월 12일
초판 12쇄 발행 2023년 11월 22일

지은이 롭 무어
옮긴이 이진원
펴낸이 김선식

경영총괄이사 김은영
콘텐츠사업2본부장 박현미
책임마케터 문서희
콘텐츠사업5팀장 차혜린 **콘텐츠사업5팀** 마가림, 김현아, 남궁은, 최현지
편집관리팀 조세현, 백설희 **저작권팀** 한승빈, 이슬, 윤제희
마케팅본부장 권장규 **마케팅4팀** 박태준, 문서희
미디어홍보본부장 정명찬 **영상디자인파트** 송현석, 박장미, 김은지, 이소영
브랜드관리팀 안지혜, 오수미, 문윤정, 이예주 **지식교양팀** 이수인, 염아라, 석찬미, 김혜원, 백지은
크리에이티브팀 임유나, 박지수, 변승주, 김화정, 장세진 **뉴미디어팀** 김민정, 이지은, 홍수경, 서가을
재무관리팀 하미선, 윤이경, 김재경, 이보람, 임혜정
인사총무팀 강미숙, 김혜진, 지석배, 황종원
제작관리팀 이소현, 최완규, 이지우, 김소영, 김진경, 박예찬
물류관리팀 김형기, 김선진, 한유현, 전태환, 전태연, 양문현, 최창우, 이민운

펴낸곳 다산북스 **출판등록** 2005년 12월 23일 제313-2005-00277호
주소 경기도 파주시 회동길 490 다산북스 파주사옥
전화 02-704-1724 **팩스** 02-703-2219 **이메일** dasanbooks@dasanbooks.com
홈페이지 www.dasan.group **블로그** blog.naver.com/dasan_books
종이 신승INC **출력·인쇄** (주)민언프린텍

ISBN 979-11-306-2138-8 (13320)